FICHA TÉCNICA

TÍTULO
INSIGHTS SOBRE COMUNICAÇÃO

AUTOR
CARLA GUEDES

NOTA INTRODUTÓRIA
CARLA GUEDES

PREFÁCIO
NICOLAU SANTOS

FACT CHECK
CONCEIÇÃO ZAGALO

POSFÁCIO
PROFESSOR NUNO BRANDÃO

REVISÃO E CONSELHO EDITORIAL
ANTÓNIO ALPALHÃO E SÉRGIO MARÇALO

CONCEÇÃO E DESIGN GRÁFICO
INÊS ALBUQUERQUE

ANO
2020

DEDICATÓRIA

À minha Filha, à minha Família, aos meus Amigos. E a todos os excelentes profissionais com quem tive o privilégio de trabalhar nas ultimas duas décadas.

ÍNDICE

FICHA TÉCNICA	3
DEDICATÓRIA	5
ÍNDICE	6|7|8|9|10
NOTA INTRODUTÓRIA	11
PREFÁCIO	13|14|15
TENDÊNCIAS DE COMUNICAÇÃO E REFORÇO DA REPUTAÇÃO	17|18|19|20 21|22|23|24 25|26

TEXTOS:

Comunicação Estratégica como instrumento Crítico em qualquer Organização 28\|29
GERIR PERCEÇÕES E CONSTRUIR REPUTAÇÃO,
EXPRESSO (PRINT) | 18.06.2005

A importância do ROI e a Comunicação como um Investimento 32\|33
O VALOR DO CUSTO E O VALOR DO RETORNO, JORNAL DE NEGÓCIOS
(PRINT) | 20.09.2005

Liderança, Visão estratégica e Relações Públicas 36\|37
Portugal Acorda, EXPRESSO (PRINT) | 23.12.2005

Como a Performance e Reputação de uma empresa é influenciada pelo perfil do Líder 40\|41
CEO E REPUTAÇÃO ORGANIZACIONAL, SEMANÁRIO ECONÓMICO (PRINT) |
29.12.2006

Reputação: ativo que define o Sucesso Percebido e o Valor de Mercado da empresa 44\|45
ATIVO REPUTAÇÃO, OJE (PRINT) | 16.01.2007

ÍNDICE

Como construir a reputação de um País, Cidade ou Região?   48 | 49
Construir a Reputação Nacional, OJE (PRINT) | 29.06.2007

Country Branding e a Identidade Competitiva de um País   52 | 53
UM GANHO (DE REPUTAÇÃO) PARA PORTUGAL,
DIÁRIO ECONÓMICO (PRINT) | 08.10.2007

Reputação Ambiental e Vantagens Competitivas   56 | 57
RELATÓRIO MINORITÁRIO, EXPRESSO (PRINT) | 28.05.2008

A importância de ser Ecologicamente Responsável   60 | 61
VERDE: uma verdade (in)conveniente, MARKETEER (PRINT) | 01.04.2008

A importância das Relações Públicas (RP) e a relação com Stakeholders   64
AS RELAÇÕES PÚBLICAS E A NOVA COMUNICAÇÃO, OJE (PRINT) | 09.04.2008

O Online, novas Ferramentas de Comunicação e as Agências de Comunicação   66
MENSAGEM INSTANTÂNEA, OJE (PRINT) | 23.04.2008

As Marcas e sua adaptação às novas Tendências   68 | 69
MARCAS DO TEMPO, EXPRESSO (PRINT) | 10.05.2008

A análise dos Dados quando se Comunica e Decide   72
USE A INTELLIGENCE, OJE (PRINT) | 30.06.2008

Olhar a Comunicação Empresarial de forma Global   74 | 75
OVERDOSE DE RELAÇÕES MEDIÁTICAS, DIÁRIO ECONÓMICO (PRINT) | 25.07.2008

A Responsabilidade Social no ADN das Empresas Credíveis   78 | 79
RESPONSABILIDADE SOCIAL RESPONSÁVEL, DIANOVA (ONG) | 26.09.2008

ÍNDICE

A importância das Auditorias de Comunicação 82 | 83
O Espelho não mente, OJE (PRINT) | 06.10.2008

Media online, Media tradicional, reinvenção dos Modelos de Comunicação 86 | 87
EXCLUSIVIDADE E PERSONALIDADE: OS NOVOS PADRÕES DA COMUNICAÇÃO, MARKETEER (PRINT) | 01.12.2008

Tecnologia, Sustentabilidade e Inovação na Gestão Empresarial 90 | 91
OS TRÊS PILARES DE UMA NOVA COMUNICAÇÃO EMPRESARIAL, OJE (PRINT) | 23.12.2008

A melhor forma de Gerir Crises 94 | 95
A CRISE E OS CEO'S... GERIR OU NÃO GERIR - EIS A QUESTÃO!, EXPRESSO (ONLINE) | 06.03.2009

Como alcançar Notoriedade e ter uma Boa Rreputação 98 | 99 | 100
ÉTICA E REPUTAÇÃO: já é tempo!, EXPRESSO (ONLINE) | 22.04.2009

Qualidade, Diferenciação e produtos Apelativos para poder competir com preço 102 | 103
AS MARCAS GLOBAIS NA EQUAÇÃO DA CRISE, EXPRESSO (ONLINE) | 09.09.2009

A importância, crescimento e dimensão dos novos formatos de comunicação online 106 | 107
O NOVO PARADIGMA DA COMUNICAÇÃO, OJE / PME NEWS (PRINT) | 24.09.2009

O Tempo que a Boa Reputação Demora a ser Construída 110 | 111
QUANTO TEMPO TEM O TEMPO DA REPUTAÇÃO, SOL (PRINT) | 16.09.2009

As Marcas Globais do Pós Crise 114 | 115
MARKETTER (PRINT) | 01.12.2009

A dinâmica das Redes Sociais e os Profissionais de Comunicação 118 | 119
A BOLHA DAS REDES SOCIAIS, DIÁRIO DE NOTÍCIAS (PRINT) | 30.12.2009

ÍNDICE

A gestão da Reputação Empresarial no espaço do Social Media   122 | 123 | 124
GESTÃO DA REPUTAÇÃO ONLINE: Webgate?, SOL (PRINT) | 05.03.2010

Relações Duradouras com os Stakeholders e criação de Valor   126 | 127
REPUTAÇÃO ECONÓMICA: QUANDO AS PERCEÇÕES CONTRARIAM A
REALIDADE, BRIEFING | 22.10.2010

Boa Gestão interna (país ou empresa) constrói boa Reputação   130 | 131
PORTUGAL PRECISA DE PERSONAL TRAINER, EXPRESSO (ONLINE) | 03.11.2010

A importância da Comunicação Interna e Externa e respetivo   134 | 135
alinhamento e Envolvimento de todos os Públicos
COMUNICAÇÃO INTERNA: GOVERNAR CASA, EMPRESA E PAÍS: QUE
PARALELISMOS?, BRIEFING (ONLINE) | 26.11.2010

As variáveis da Rentabilidade da Reputação   138 | 139
A REPUTAÇÃO É RENTÁVEL. A SUA MÁ GESTÃO É CRISE...,
EXPRESSO (ONLINE) | 07.04.2011

As vantagens de uma Comunicação Sustentada   142 | 143
INSPIRAR CONFIANÇA, RESPIRAR REPUTAÇÃO - Gerir a Crise, Revista APCE |
21.06.2011

Como comunicar para dar sinais de Confiança, credibilidade   146 | 147
e Influenciar Mercado
COMUNICAR POUPANÇA: da credibilidade ao crédito, SOL (PRINT) | 08.2011

A Diferença entre O que se Diz e O que se Faz. Consequências   150 | 151
para a reputação
O ERRO NUNCA MORRE, Revista APCE (PRINT) | 06.2012

Criar Reputação forte para Locais, Cidades ou Estados   154 | 155
RECONSTRUIR A REPUTAÇÃO NACIONAL PARA REGRESSAR AOS
MERCADOS, BRIEFING (ONLINE)| 23.05.2016

ÍNDICE

As facilidades das Redes Sociais e suas Complexidades 158 | 159 | 160
COMO VAI A GESTÃO DA COMUNICAÇÃO, OJE (PRINT) | 23.05.2016

As Fake News e o Marketing Viral 162 | 163
WTF – What The Fake, DINHEIRO VIVO (ONLINE) | 18.10.2019

A importância da Comunicação durante e após o período de Confinamento 166 | 167 | 168
MARCAS DO NOVO PARADIGMA, IMAGENS DE MARCA (ONLINE) | 01.04.2020

O novo paradigma do Teletrabalho e a inesperada Funcionalidade do mesmo 170 | 171 | 172
O TELETRABALHO VEIO PARA FICAR?, DINHEIRO VIVO (ONLINE) | 07.04.2020

Novos paradigmas de comunicação: pessoal e menos objetiva, ou virtual e mais efetiva? 174 | 175
LIDERAR E COMUNICAR NO PÓS-COVID, BRIEFING (ONLINE) | 04.05.2020

Os novos Modelos de Liderança 178 | 179
OS NOVOS LÍDERES: Iguais, mas diferentes, REVISTA LÍDER (ONLINE) | 06.05.2020

A importância e o Valor dos Dados nos dias de hoje 182 | 183
DADOS SÃO O PETRÓLEO DOS NOVOS TEMPOS, EXPRESSO (ONLINE) | 11.05.2020

FACT CHECK 185 | 186

POSFÁCIO 187 | 188

NOTA INTRODUTÓRIA

"Intangível é um idoso beber Coca-Cola para viver mais, não porque faz bem, ou por ser o elixir da juventude, mas porque lhe traz felicidade e a felicidade aumenta-lhe a esperança de vida. Uma marca, sem fortes valores intangíveis, facilmente se torna invisível aos olhos da nova economia".

Carlos Coelho, As intangibilidades, 2012

Isto não é um livro! Trata-se da seleção de diversos textos publicados em órgãos de informação nacionais em diferentes anos, quer no papel, quer no online, de alguém que é apaixonada pela Comunicação e Reputação.

Os artigos constituem uma reflexão sobre as várias dimensões da Reputação: comunicação interna, comunicação corporativa, gestão de crise, a gestão de stakeholders, o CEO na reputação da organização, responsabilidade social, marketing verde, identidade das marcas, sustentabilidade, confiança, inovação, ética na comunicação, comunicação digital, country branding, liderança, governance, fake news, SEO (search engine optimization), teletrabalho, entre outros temas.

Ao passear por estas páginas, os seus olhos irão escutar várias considerações sobre o que, a cada momento, esteve na ordem do dia. De salientar que a abordagem de cada tema reflete os desafios do contexto e aponta caminhos.

Tratam-se de análises que incorporam uma base científico-técnica (conhecimento académico e experiência profissional da autora) bem como sociológica (análise do mercado).

Simultaneamente comprova-se como é que a ferramenta Comunicação constitui um ativo eficaz e muito valioso para qualquer organização ou país, para além de fundamental numa sociedade democrática.

Nestas páginas encontra ainda as principais tendências de comunicação e reputação num mundo cada vez mais digital e a viver um momento histórico em 2020.

Desejo uma boa viagem nesta leitura. Que fique claro uma regra: Comunicar, sempre! Porque mesmo em situações de crise, surgem novas oportunidades.

Carla Guedes, Autora

PREFÁCIO

NICOLAU SANTOS

NA ERA DA DESINFORMAÇÃO

O que posso escrever para lhe dizer a si, estimado leitor, para o fazer acreditar quão importante é para as empresas e para os seus gestores saberem comunicar com precisão, interna e externamente, nos dias que correm? Provavelmente nada. Está com toda a certeza atulhado em informações que lhe chegam pelas mais diversas vias, das tradicionais às redes sociais. Vê televisão, houve rádio, lê jornais, recebe o clipping que todos os dias lhe entregam com notícias sobre a sua empresa, sobre a evolução dos mercados, sobre a concorrência, sobre novos produtos e tendências. Basicamente, o seu problema não é falta de informação. É informação a mais. E receia que ou não a consiga processar totalmente, deixando escapar algo vital, ou que se afogue nesse tsunami informativo diário, perdendo o foco que o deve orientar nas suas decisões.

Está, portanto, claro para si que vivemos na Idade da Informação, uma Era em que todos somos produtores de informação, todos temos acesso às redes sociais, que se tem multiplicado velozmente nos últimos dez anos, ao mesmo tempo que se segmentam por públicos (os mais jovens estão agora no TikTok, os mais velhos acantonaram-se no Facebook, o Instagram recolhe pessoas de todas as idades, o Twitter é agora uma poderosa arma no combate político, etc).

Segundo um estudo da Unit Intelligence da revista The Economist é provável que 60% das pessoas em todo o mundo (4,2 mil milhões de seres humanos) se informem já hoje somente através das redes sociais. E esta é uma tendência imparável, por muito que possamos não gostar dela. Ora quando pela primeira vez na história da Humanidade há tanta gente em tantas partes do mundo dependentes de algumas plataformas digitais, a tentação de manipular o pensamento, os desejos e os gostos dessas pessoas é seguramente avassaladora, tanto mais que isso pode render a presidência ou o governo de países ou fazer com que algumas entidades lucrem milhões e milhões com a utilização do algorítmo certo. Não preciso seguramente recordar-lhe as suspeitas de manipulação no referendo sobre o Brexit ou nas eleições norte-americanas em que estiveram frente-a-frente Donald Trump e Hillary Clinton.

NICOLAU SANTOS

Dirá o leitor: sim, e o que tenho a ver com isso? A informação que tenho chega-me e sobra-me para a minha vida. O problema, caro leitor, é que nas redes sociais a mercadoria que se transacciona é só uma e apenas uma: você e milhares de milhões de pessoas como você. O que as redes sociais pretendem e conseguem é saber o que faz, o que come, o que veste, os seus gostos, a que restaurantes vai, que viagens faz, se vive na cidade ou no campo, se vota à esquerda ou à direita – porque isso vale montanhas de dinheiro. Com base nisso, você pode ser condicionado pouco a pouco, subliminarmente dirigido, inconscientemente orientado para fazer isto ou aquilo ou tomar este ou aquela decisão. Nada que George Orwell não tivesse previsto no seu «1984». A grande diferença é que o condicionamento em «1984» assentava num sistema totalitário e nos dias de hoje submetemo-nos inconscientemente a esses ditames por iniciativa própria, democraticamente, sem ser forçados por ninguém.

Mais importante ainda, a informação que circula nas redes sociais não é jornalismo, não é uma informação produzida segundo os códigos deontológicos que orientam a profissão dos jornalistas, não é uma informação que tenha sido verificada, cruzada através de três fontes independentes, que passe pelos olhos de editores, chefes de redação, subdirectores, directores-adjuntos e directores. A esmagadora maioria dessa informação ou não tem qualquer relevância, ou é lixo sem qualquer interesse ou, em casos muito específicos trata-se de campanhas de desinformação pura e dura que visa denegrir instituições, empresas, partidos, políticos, classes profissionais ou pessoas. São as incorrectamente chamadas «fake news» (por definição, se uma notícia é falsa não é uma notícia) que podem resultar de campanhas organizadas, da ignorância ou dos piores e mais ignóbeis sentimentos humanos. As redes socias tornaram-se, infelizmente, o esterco informativo do mundo, embora pelo meio existam exemplos muito positivos.

E é por isso que lhe digo, caro leitor, que se acredita que vivemos na idade da informação desengane-se: nós vivemos é na Era da Desinformação, uma desinformação brutal, colossal, que tanto o pode atingir a si, como à sua família

NICOLAU SANTOS

ou à sua empresa ou ao partido em que vota ou ao político que admira ou ao medicamento que toma ou ao tratamento que faz. Na Era da Desinformação que vivemos não há qualquer controlo sobre o que circula nas redes socias. Mais: não há qualquer capacidade de punir (ou ela é limitadíssima) quem produz, deliberadamente ou inconscientemente, essa desinformação.

É por isso que, neste mar encapelado em que é preciso distinguir diariamente o que é verdade do que não é, em que é preciso discernir em que acreditar (e hoje em dia começam a existir meios tecnológicos para isso), o melhor conselho que lhe posso dar, caro leitor/gestor/professor/estudante, é que leia livros como este que tem nas mãos, escrito por uma pessoa que não só foi uma brilhante jornalista durante muitos anos como depois desenvolveu uma notável carreira na área da informação empresarial.

Mais que nunca, as empresas precisam hoje de lidar com o fenómeno da desinformação, que de um momento para o outro pode atingir gravemente a sua reputação e provocar danos dramáticos no seu negócio. No dia-a-dia, as empresas precisam de comunicar bem e de forma direcionada para dentro. Têm de fazer o mesmo para fora. E se esse modelo informativo da empresa estiver consolidado no dia-a-dia em tempos «normais», então será menos difícil responder como um todo quando surgir a «fake news» malévola que a pode atingir gravemente.

Recorrer a profissionais experimentados para enfrentar estas situações é do mais elementar bom senso. Estudar profundamente as advertências e conselhos de livros como este é meio caminho andado para se ter sucesso quando a má notícia lhe bater à porta. Se não o fizer depois não pode dizer que foi azar.

Nicolau Santos
PCA Lusa

TENDÊNCIAS DE COMUNICAÇÃO E REFORÇO DA REPUTAÇÃO

Vivemos tempos nunca sonhados, com transformações profundas num curto espaço de tempo. A comunicação evidencia bem o atual cenário. Em poucas décadas, evoluímos do analógico para o digital, o que nos permite estar ligados a qualquer parte do globo, a qualquer hora. A tecnologia fez com que o volume e a complexidade de informações trocadas crescessem exponencialmente. Estamos na Era dos Dados.

São várias as revoluções tecnológicas a que temos assistido: Big data, inteligência artificial (IA), robótica, redes sociais, Internet das Coisas (IdC). Na base de todas estas inovações estão os dados. Lidar com este novo mundo, que é complexo, incerto e ambíguo, poderá ser considerado um dos maiores desafios da área da comunicação. Tendo em conta que os dados, segundo o *The Economist*, são a *commodity* mais valiosa do mundo, quanto mais cedo os profissionais e empresas souberem tirar vantagem deles, maior sucesso terão.

OS NOVOS DESAFIOS:

1. Audiovisual e influenciadores cada vez mais profissionais, com a tecnologia e a inovação sempre como pilares base

Segundo a IBM, a cada dois dias surge mais informação do que todo o volume gerado até 2003. Ou seja, com tanta proliferação e diversidade de dados e informação, os negócios vão ter de evoluir para acompanhar e a comunicação empresarial não é exceção. Estima-se que o audiovisual irá registar um grande *boom*. Os vídeos passarão, cada vez mais, a fazer parte das estratégias de comunicação das empresas e dos influenciadores. E tudo isto não acontece por acaso: as redes sociais e o Google privilegiam a utilização de vídeos, e os algoritmos detetam este tipo de conteúdos como excelentes ferramentas de *engagement*, ajudando a atrair e a fidelizar mais clientes. 'Os vídeos hoje já são responsáveis por mais de 80% de todo o tráfego na internet (CISCO)'.

Além de *podcasts* e vídeos, outra orientação clara é a profissionalização dos influenciadores digitais. Estes criadores de conteúdos já são uma importante fonte de informação/influência para a tomada de decisão de uma nova compra. Por isso, é fundamental que os comunicadores saibam construir relações de proximidade com a audiência, ter a frequência de exposição certa e produzir conteúdo de qualidade.

2. Áudio interativo

Com a popularidade dos *podcasts, audiobooks* e outros formatos com conteúdos onde há processamento da linguagem e controle de voz, é provável que surjam cada vez mais jogos, histórias interativas para além de novos produtos e serviços.

3. Podcasts

O *podcasting* está a ter um crescimento semelhante ao que os *blogs* registaram há alguns anos. Este é um canal que permite muitas experiências em formato e em conteúdo. Vemos muita gente a entrar neste canal como mais uma forma de disseminação de conteúdos. Mas ainda não temos uma "fórmula" para medir o seu sucesso com clareza.

4. Reforçar comunicação interna

As empresas deverão, cada vez mais, reforçar a sua comunicação interna. Os colaboradores são os melhores influenciadores da marca. Por isso, deverão ser mapeados os profissionais com skills comunicacionais e treiná-los, de modo a usar o seu poder de influência sobre os demais colaboradores.
Não esquecer a importância da utilização dos canais digitais de comunicação interna.

Apostar no marketing de causas como plataforma de envolvimento dos colaboradores é outra ferramenta a ter em consideração: ações de voluntariado e responsabilidade social se fazem sentido se associadas a uma causa que se relacione com o propósito da organização. As questões relacionadas com o ambiente e a sustentabilidade estarão cada vez mais 'em cima da mesa'.

5. Conteúdos externos relevantes

As marcas terão que alinhar os seus conteúdos a um propósito ou vários. Mesmo que haja bons produtos ou serviços, se os mesmos não estiverem alinhados com um propósito relevante, a mensagem (e resultado esperado) não vai ser eficaz junto dos stakeholders. A comunicação externa deverá apostar em narrativas que tenham em consideração "valores" como: pessoas/colaboradores, liderança, cidadania, inovação, governance.

6. Eventos híbridos

Também nesta área estamos a reinventar modelos com a ajuda da tecnologia. O mais provável é que os eventos passem a ter a dupla vertente de presença física com digital. Terão que ser bem feitos, relevantes no conteúdo, com oradores de qualidade.
Neste caso, o online vem simplificar a mobilidade, podendo proporcionar a uma vasta audiência um orador improvável, que de outra forma não teríamos acesso, o que poderá enriquecer bastante o debate.
No fundo, há que proporcionar experiências virtuais à audiência. E com o número de horas que hoje passamos online, tudo o que puder proporcionar conhecimento e novas skills terá sucesso.

7. Métricas

O mito de que a comunicação não tem números deve ser posto de lado. Os profissionais da área são cada vez mais analíticos, e todas as decisões devem ser tomadas com base em dados transformados em informação. A análise de dados é cada vez mais valorizada, sendo vista como uma realidade empresarial e não uma tendência. O profissional que não transformar dados em informação válida vai perder credibilidade por não conseguir entregar os melhores resultados (ROI, Return on investment, com análises quantitativas, qualitativas, auditorias). Tudo isto tendo por base indicadores (KPIs) alinhados com a estratégia do negócio.

8. Análise de dados

Não é exagero dizer que estamos a viver uma revolução sem precedentes. Cerca de 90% dos dados hoje disponíveis hoje foram gerados nos últimos anos. Um volume de informação impressionante que, como consequência, adiciona complexidade. Não é por acaso que desde os anos 2000, mais de 50% das maiores empresas listadas na Fortune 500 simplesmente desapareceram. Se estamos na era dos dados, para se sobreviver neste novo mundo, é essencial ser *data driven* e trabalhar com análise de dados e informação transformada. Se duvidas há, basta observar as empresas que têm as marcas mais valiosas do mundo. No top ten estão: Apple, Google, Amazon, Microsoft e Facebook.

Para as áreas de comunicação empresarial, que lidam com a complexidade da informação gerada pelos novos media, a análise de dados deve ser mais do que uma tendência ou processo, mas a base de toda e qualquer estratégia.

Fazer a monitorização e análise integrada dos dados é fundamental para que se possa avaliar continuamente tudo o que é falado sobre uma determinada empresa em todas as plataformas, *online e offline*. Desta forma, é possível ver quais são os assuntos emergentes em tempo real, antecipar crises e criar estratégias de envolvimento com os diferentes públicos-alvo.

9. Comunicar com todos de forma integrada

Do ponto de vista da estratégia, a aposta em plataformas *Omnichannel* assume cada vez mais pertinência para o aumento da rentabilidade das empresas. Este formato pressupõe que uma entidade comunique uma mensagem ou experiência singular através de uma partilha de informação nos mais diversos canais. Ou seja, uma boa comunicação acaba por ser *Omnichannel*. A partilha de notícias no Facebook, Instagram ou noutras plataformas, faz com que determinados temas cheguem a mais pessoas e a diferentes públicos. Claro que o tipo de conteúdo deverá estar adequado ao público de cada plataforma.

10. O marketing e o digital

Neste novo mundo digital é cada vez mais difícil haver diferenciação entre concorrentes. A era de ouro da publicidade já passou e temos de pensar em novas formas de comunicar, com mensagens fortes, estruturas inovadoras, anúncios inteligentes, slogans cativantes, imagens e sons vibrantes. Quem trabalha em marketing tem de conseguir passar uma mensagem num piscar de olhos.

11. Marketing - Comunicação

Devem andar de mãos dadas. Com mensagens coerentes, consistentes e concertadas entre as estratégias de marketing, consegue-se o sucesso das organizações.

12. Globalização e talento local

Uma interessante tendência do marketing é a aproximação de uma marca global a um universo local. É importante, por isso, gerar *engagment* com as comunidades locais, geografica e culturalmente afastadas da sede de uma grande empresa, pois acrescenta autenticidade em vez de estagnação corporativa.

13. Conteúdo aumentado para SEO e criação de leads

Quando se está a potenciar SEO (*Search Engine Optimization* - visibilidade em motores de busca), estamos a fazer targeting a uma nuvem de conceitos relacionados. Por exemplo, se eu quiser ter relevância para a palavra "panela" em resultados de pesquisa orgânica, então tenho que criar mais texto sobre a "panela", daí as páginas serem tendencialmente mais longas. Se o tópico merecer mais texto, o ideal é separá-lo em vários artigos sobre o tema, por exemplo: um artigo sobre "o que são panelas", outro sobre "o que cozinhar em panelas", outro sobre "como lavar panelas", outro sobre "de que são feitas as panelas", outro sobre "como escolher a panela certa" e outro sobre "as 10 melhores dicas sobre panelas". O Google usa uma técnica chamada *indexação semântica latente* (LSI) que olha para o conteúdo dentro do site (neste caso, os vários artigos sobre panelas) e em função do mesmo classifica o conteúdo em termos de "qualidade", "originalidade" e "autoridade", usando estes parâmetros para dar o ranking em SEO.

14. Microtargeting e conversão

As marcas já começaram a seguir nessa direção e continuarão a desenvolver campanhas que visam especificamente um grupo dedicado de clientes ou um público-alvo de nicho. Quanto mais avançada é a tecnologia, mais focados nos tornamos. A conversão também continuará a ser uma prioridade, principalmente nas formas de medir o ROI (*return on investment*) resultante de colaborações de influenciadores e campanhas de relações públicas.

15. Personalização

Personalização é a chave. À medida que a confusão de mensagens cresce nos canais digitais, as empresas precisam de chamar a atenção dos seus clientes. Há que aproveitar os dados de cada um e criar perfis mais completos das necessidades, desejos e preferências dos clientes, além de combinar perfis com anúncios e conteúdo apropriados. Esses esforços podem aumentar o tráfego e até mesmo atrair novos clientes.

16. Como vamos proteger a reputação nos próximos anos?

Nenhuma empresa iniciou 2020 com um plano na gaveta que desse resposta a uma crise global. Como a gerada pela COVID-19. Meses a trabalhar a partir de casa, portas encerradas e trabalhadores em layoff, distorceram por completo o ano de 2020 e estão a colocar em causa a reputação de muitos negócios.
Como nas crises do passado, as obrigações dos departamentos de responsabilidade social corporativa (RSC) das empresas aumentam, especialmente nas empresas que receberam financiamento público ou outro tipo de apoios. Passa a ser fundamental gerir exemplarmente todos os fatores críticos para a saúde da reputação, nomeadamente: os principais produtos e serviços, a RSC, ter um ambiente empresarial justo e transparente, ser inclusivo, correto, justo e flexível com os funcionários, porque este é um fator de crescente importância para a reputação. Se este posicionamento já era muito importante antes desta pandemia, hoje passa a ter uma relevância extrema.

De acordo com o Relatório *Global Trends 2020* do *Reputation Institute*, cerca de 70% dos líderes dizem que gerir a reputação da sua empresa é hoje mais importante do que nunca. É esperado que as empresas saibam enfrentar desafios sociais e ambientais. Todas as entidades que o fizerem poderão colher grandes benefícios porque os consumidores estão mais despertos para causas. Caso das temáticas ambiental, sustentabilidade e bem-estar.
As empresas deverão ainda aumentar a sensação de segurança do ponto de vista da saúde publica a par de integridade, confiabilidade e propósito. Os fatores éticos representam 76% do capital de confiança de um negócio, enquanto que a competência é apenas responsável por 24%, segundo este estudo.

17. Estar preparado para a pós verdade | fakes | infodemic

A novidade está nos palcos proporcionados pela tecnologia: o Facebook, o Google e o Twitter. Porque a tentativa de contar mentiras, o boato ou a falsificação da informação sempre existiu. Hoje as paixões e as crenças ganham força em detrimento dos factos, uma verdadeira ameaça ao papel da Comunicação e Informação. Este é um ambiente tóxico e para as empresas pode trazer consequências reputacionais: basta uma ação construída nas redes sociais para gerar uma crise de imagem com impacto direto nos negócios.

18. Porque é que a reputação importa?

O sucesso da reputação corporativa não depende apenas de alguns fatores. Pelo contrário, é influenciada por diferentes variáveis como sejam: qualidade de produtos ou serviços; qualidade dos colaboradores; qualidade de atendimento ao cliente; segurança de produtos ou serviços; respeito pela privacidade do cliente ou funcionário; inovação de produtos ou serviços; liderança da indústria; desempenho financeiro; ética e valores; avanço tecnológico; cultura corporativa; objetivo corporativo; qualidade do CEO; formação para funcionários; marketing e comunicação; qualidade da liderança e chefias; diversidade e inclusão no local de trabalho; relações com a comunidade; política de *Governance*; responsabilidade ambiental; presença global; Filantropia. Todos estes *drivers* são fundamentais.

À medida que avançamos para a próxima década, a reputação corporativa é cada vez mais um fator de diferenciação entre empresas. Deve ser considerada como um ativo competitivo, neste mundo marcado por incertezas, desafios comerciais, transformação digital (extremamente rápida) e brutal concorrência, seja de produtos, serviços ou talentos.

Cultivar e manter uma reputação forte deverá ser uma prioridade para todos os líderes, o que passa por saber comunicar valores corporativos.

19. Vantagens de ter uma boa reputação

#shareholders mais confiantes
#minimizar o risco em situação de crise
#exposição mediática favorável
#maior apoio dos reguladores e decisores políticos
#lealdade dos clientes
#atração de novos talentos
#novas oportunidades de mercado
#melhores relações com fornecedores e parceiros
#capacidade de praticar preços premium
#retenção de colaboradores

20. Liderança (com soft skills apuradas)

Mais do que eficiência, a liderança deverá passar pela resiliência e adaptabilidade.
A confiança nas equipas é fundamental, pois as pessoas bem motivadas e conduzidas vão acabar por se superar e surpreender!
Os novos líderes deverão ser transparentes, autênticos e apresentar um pensamento (estratégia) evolutivo.
Os líderes de sucesso serão pessoas visionárias, inspiradoras, mobilizadoras, que sabem definir as regras e apontar o caminho; sabem distinguir e reconhecer quando necessário, mas também corrigem os erros de forma assertiva.
A capacidade relacional é mais do que nunca crucial para envolver colaboradores com os valores e o propósito da organização.

GERIR PERCEÇÕES E CONSTRUIR REPUTAÇÃO:
o Teste de qualquer Negócio

Todo o gestor sabe gastar dinheiro. Muitos sabem investi-lo. Poucos sabem investi-lo bem! Mas é esta aparentemente pequena diferença que separa um gestor de um bom gestor e um negócio de um excelente negócio; aquele que associa um nome, uma marca, a valores fundamentais como Prestígio, Credibilidade, Saber Fazer, Orgulho, Confiança, Reputação - Liderança.

O posicionamento estratégico é o ADN de qualquer empresa que estabelece o seu enquadramento competitivo. Estar focado no negócio é fulcral, mas saber protegê-lo fará toda a diferença no reforço do "capital imagem", dos serviços e dos produtos, ou seja, da *Marca*. Senão vejamos: quando os produtos/serviços são praticamente iguais, o que decide a opção de cada consumidor/cliente? Muito simplesmente, a forma como lhe são comunicados e, por consequência, percecionados os seus valores e atributos, originando identificação junto dos "targets".

Nesta medida, a comunicação estratégica assume-se cada vez mais como um instrumento crítico na atual gestão dos negócios, uma vez que acrescenta valor à imagem da empresa. Não o valor que resulta da persuasão comercial com resultados imediatos, mas aquele que se traduz em transparência, credibilidade e notoriedade, que se constrói no médio/longo prazo e que irá ajudar a criar (ou reforçar) as condições para o negócio crescer, posicionando a empresa com competências distintivas face à sua concorrência e "protegendo-a" em futuras situações de crise. Este é, sem dúvida, o grande teste para qualquer negócio/empresa, quer se trate de uma multinacional ou de uma PME, aquilo que a diferencia da concorrência e que a torna singular.

Como olhar então para o investimento em comunicação? Precisamente enquanto aposta estratégica de gestão da imagem corporativa e de proteção da marca. Uma aposta que no atual contexto do mundo dos negócios os gestores não se podem dar ao luxo de dispensar na medida em que ser reconhecido pelo mercado é, acima de tudo, uma necessidade.

INSIGHTS SOBRE COMUNICAÇÃO

Estamos no campo da gestão das perceções, da esfera pública, logo conflituosa e com consequências para a imagem e sucesso de qualquer negócio.

Impõe-se ação, um trabalho de campo, planificado e sustentado, que preveja acautelar situações de crise - capazes de, num ápice, deitar por terra aquilo que o gestor fez pelo seu negócio durante anos.

É neste sentido que falo da importância da gestão da notoriedade, da imagem da Marca, enquanto ativo que encerra em si atributos e informação que a torna única aos olhos do mercado, assumindo-se como instrumento crítico de gestão quando se quer ganhar a confiança e lealdade das distintas audiências. Requisitos necessários: estratégia, planeamento, cumprimentos de objetivos e qualidade nos resultados. Depois, saber medi-los e daí retirar as devidas lições.

E numa altura em que tanto se fala de produtividade e competitividade, cabe aos gestores terem uma visão estratégica do seu negócio e conseguirem identificar as suas necessidades, para poderem incorporar valor e ganhar em credibilidade, notoriedade e projeção. Porque mais perigoso do que arriscar é não ter a coragem de o fazer por receio do contexto, da crise – aquela de que há tanto tempo se fala. Pessoalmente, prefiro falar em desafio e oportunidade; oportunidade para fazer bem feito, para empreender, para inovar. Porque, face às mudanças vertiginosas a que assistimos no exigente mundo empresarial em que vivemos a comunicação, a gestão estratégica, para além de legítima, mais necessária que nunca. O sucesso para qualquer negócio passa pela reputação. Basta saber geri-la!

EXPRESSO (PRINT) | 18.06.2005

O VALOR DO CUSTO E O VALOR DO RETORNO

Como é que o seu diretor financeiro classifica o orçamento de comunicação no balanço da empresa? Coloca-o na demonstração de resultados, enquanto despesas, ou na rubrica de investimento, enquanto ativo corpóreo?
Tudo depende da perceção que se construiu em relação à eficácia do trabalho desenvolvido, em suma, dos resultados obtidos. Os profissionais de comunicação são cada vez mais chamados a demonstrar o ROI – return on investment – e a explicar as mais-valias do seu trabalho ou arriscam-se a ver o seu budget reduzido.

Apesar desta questão ter acompanhado desde sempre a atividade da Consultoria em Comunicação e de continuar a dar muito que falar, a verdade é que a Comunicação Estratégica começa a ser reconhecida pela gestão sénior como uma dimensão crítica para a gestão da empresa, incentivando os funcionários a fazer parte da mudança e da orientação estratégica da empresa.

Podemos por isso afirmar que finalmente o foco da função do responsável pela comunicação e imagem de uma organização começa aos poucos a ser olhado pelos gestores como retorno e não tanto como custo. Porquê? Porque existe uma forte correlação entre práticas eficazes de comunicação e o valor da empresa no mercado. O desafio é desenhar uma linha visível para a gestão sénior que lhe permita perceber por um lado o que fazem os profissionais de comunicação e, por outro, qual o impacto que as suas iniciativas causam nas perceções dos diversos públicos-alvo - a começar pelos internos - e na alteração do valor da sua empresa no mercado.

Estamos, portanto, no bom caminho; os profissionais de gestão podem aprender com os profissionais de comunicação o valor desta disciplina para o seu negócio e os profissionais de comunicação podem retirar ensinamentos com os engenheiros e com os financeiros em relação a métricas de avaliação. Porque não se pode gerir o que não se consegue medir.

INSIGHTS SOBRE COMUNICAÇÃO

É o intercâmbio entre o qualitativo e o quantitativo, daí resultando visão estratégica e esta passa por definir posicionamento, reforçar relações de confiança, estabelecer objetivos a longo prazo e melhorar a credibilidade.

Por isso mesmo, os profissionais de comunicação precisam não só de medir o seu trabalho para poderem validar os resultados mas também, e acima de tudo, de explicar o seu valor enquanto ativo. As medidas quantitativas são importantes, principalmente como instrumento de benchmark, mas existe uma grande quantidade de dados qualitativos disponíveis que muitas vezes não se utilizam de forma eficaz. É crucial extrair esse conhecimento de forma sistemática com vista a dar resposta às questões que preocupam os gestores e os colaboradores da empresa. Esta será uma grande ajuda para a gestão senior.

Como colocar isto em euros? Devemos antes orientar-nos para questões como "esta semana preparámos o departamento X para lidar com uma potencial situação de crise por forma a proteger a reputação da empresa". É este tipo de abordagem que orienta a ação dos especialistas em comunicação para os resultados e que constrói a sua credibilidade.

JORNAL DE NEGÓCIOS (PRINT) | 20.09.2005

PORTUGAL ACORDA

No mundo dos negócios está na moda falar em empreendedorismo, em liderança, em gestão da mudança através da liderança, em ética, em cidadania, em sustentabilidade.

Os gurus do marketing vêm a Portugal e apontam o caminho para o futuro dizendo que "o bem mais escasso são os clientes" e que, portanto, a aposta deve ser na sua retenção e fidelização e não na criação de novos serviços. O conceito é de Don Peppers. Entretanto, Kotler anunciou recentemente numa conferência em Lisboa que o futuro do marketing passa por uma maior aproximação às relações públicas, à gestão das perceções, para melhorar resultados – o que, de resto, já se adivinhava há algum tempo.

É interessante analisar as novas buzzwords que passaram a dominar as conversas empresariais, como se de repente tivesse finalmente surgido da bruma um "salvador". Mais interessante ainda é analisar que nos EUA, para dar apenas um de muitos exemplos, existem há vinte anos programas de formação para executivos em empreendedorismo e liderança. Cá surgiram há muito pouco tempo. Apesar de tarde, não deixam de ser iniciativas meritórias. Mas é preciso mais! Porque nós também sabemos fazer – e com sucesso – quando nos empenhamos. Temos casos de desempenho notável em diferentes setores de atividade (telecomunicações, agroalimentar, automóvel, industrial...) e fomos inovadores na Europa e no mundo com alguns produtos. A perceção dos outros países é que nem sempre corresponde ao conteúdo, talvez porque seja mal gerida. É por essa razão que se torna imperativo investir cada vez mais na nossa imagem e naquilo em que somos bons.

Mas é fundamental que andemos mesmo todos a falar do mesmo, já que é uma constatação que o atual modelo de liderança das empresas portuguesas está gasto e precisa de se adaptar aos novos tempos. Esperemos que não se trate apenas de uma "moda" – que, por definição, é efémera – e que os gestores portugueses não desistam de trazer uma nova dinâmica de gestão, sabendo investir naquilo que é estratégico para vencerem a batalha da competitividade e da credibilidade.

Esperemos que o saibam fazer, que saibam reter os seus talentos, impulsionar novos, apostar na sua formação, e investir em investigação e desenvolvimento. Porque isso é ter visão estratégica. Terem a coragem de ser mais arrojados, para bem do seu negócio, da sua imagem e da sua reputação. Porque, como à mulher de César, "não basta sê-lo, tem que parecê-lo".

Como se diz em gestão da reputação, e para que fique mais uma expressão da gíria nesta área, Walk Your Talk!

EXPRESSO (PRINT) | 23.12.2005

CEO E REPUTAÇÃO ORGANIZACIONAL:
Ativos inseparáveis?

Quando se pensa em nomes como Richard Branson, Bill Gates, Eric Schmidt, Jack Welch, Carlos Ghosn ou, no plano nacional, Belmiro de Azevedo, João Picoito, Estela Barbot ou Esmeralda Dourado (para dar apenas alguns exemplos), que associação imediata se faz? Associamos mentalmente caraterísticas das suas personalidades e pensamos imediatamente no negócio (sucesso) e naquilo que estes gestores representam do ponto de vista empresarial no panorama internacional | nacional.

Embora a percepção em relação a uma empresa possa ser mais ou menos positiva, uma coisa é certa; um CEO carismático, empreendedor, determinado, líder, visionário, focado no negócio e nos seus recursos humanos, está intrinsecamente ligado à empresa que representa. A performance da empresa será, por sua vez, influenciada pela sua liderança.
O que diz, como faz e o que faz o gestor tem um impacto crucial na vida da empresa, no seu negócio – determinando ou não o seu sucesso - e, logo, na sua reputação. O seu nome acaba por se tornar, assim, um ativo fortíssimo para a empresa. Por isso mesmo a gestão da Reputação é imprescindível à vida de um CEO.

Mas quem é que influencia (determina) o quê? É o líder, com as suas características pessoais, que influencia a organização, ou é ele que tem que se moldar ao posicionamento da empresa e construir a sua imagem a partir daí? Este é um processo complexo e moroso, na medida em que se cruzam sistemas de valores internos e externos, e da sua boa gestão irá depender também a boa ou má imagem corporativa, em função de como foi planeada, executada e gerida a perceção geral da organização e do seu CEO junto dos stakeholders.

É pois incontornável hoje a aposta numa reputação sólida para conquistar novos targets, novos mercados e, assim, conseguir ser competitivo e inovador no espaço económico global.

INSIGHTS SOBRE COMUNICAÇÃO

Está já estudado e comprovado que as empresas com uma sólida reputação conseguem atingir *racios* financeiros superiores porque muito do seu valor de mercado advém de ativos intangíveis como credibilidade e eficácia da gestão, boa imagem da empresa, experiência e qualidade da estratégia corporativa, visão organizativa, estilo (e capacidade) de liderança do gestor. Em síntese, da reputação da empresa e da qualidade da equipa de liderança (performance do CEO). Estes ativos são indicadores do potencial de crescimento da organização e têm peso na hora de um investidor decidir apostar nela porque aportam credibilidade, integridade e confiança ao negócio.

Mas estas variáveis, estes ativos, levam muito tempo a conquistar. Não basta investir muito dinheiro numa mega campanha de imagem e dizer ao mercado que se é muito bom; a reputação, pelo contrário, é conquistada e construída através daquilo que a organização e o seu CEO fazem, da estratégia e do caminho que percorreram, criando um ambiente positivo junto de diferentes audiências, de forma sustentada. A reputação é aquilo que os outros dizem e pensam da organização.

O CEO tem, por isso, uma tarefa muito árdua. Mais: tamanha responsabilidade tem, regra geral, pouco tempo para ser estudada, planeada, implementada e julgada.

A sua capacidade de gestão e de liderança tem necessariamente que se impor no período de um ano, ano e meio, sob pena da organização ficar perigosamente sem rosto!

A gestão reputacional é bastante complexa e nela coexistem diversas variáveis com impato na organização, o qual será mais ou menos positivo consoante forem bem ou mal geridas e de forma sustentada no tempo. Por isso se torna tão determinante o saber construir relações de confiança que perdurem; elas serão a "salvaguarda" e o "certificado de garantia" da organização no futuro, junto dos seus stakeholders. Isto porque - e aqui entra outra variável - embora CEO e Reputação Organizacional sejam ativos inseparáveis, convém que a organização não fique totalmente refém da *marca CEO* para que numa situação de crise, por exemplo um escândalo em torno do seu nome, a *marca Organização* consiga sobreviver.

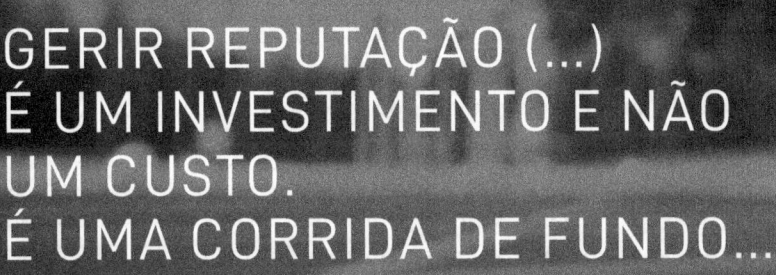

ATIVO REPUTAÇÃO:
o custo de um grande *benefício*
―――

Qual é o maior ativo da sua empresa? Os colaboradores, o capital ou a imagem pública, as perceções do mercado, no fundo a sua reputação? E ao nível da imagem pública, o que valoriza mais? Aquilo que a sua empresa transmite ao mercado, através de campanhas de imagem, ou a credibilidade que o mercado lhe reconhece e o respeito que já conquistou junto dos seus parceiros de negócio? Se for este o caso, então estamos a falar de Reputação. Estamos a falar do trabalho que a sua empresa, com os seus colaboradores, já desenvolveram, e com sucesso, ao longo do tempo e que a torna singular. Estamos então a falar de solidez, não apenas financeira, de valor de mercado, mas também do ativo sólido Reputação, daquilo que dizem e pensam de si quando você não está presente, daqueles valores que fazem com que outros o recomendem, acreditem e confiem em si.

Imagine agora o seguinte cenário: conseguiu construir e reter uma boa equipa, a empresa vive um momento de solidez financeira mas sofreu uma crise que fragilizou a sua imagem pública. Os clientes começam a perder a confiança e a questionar a sua capacidade de resposta. Ou seja: a sua credibilidade está ameaçada. Então um dos principais ativos da sua empresa, e o mais difícil de recuperar, está seriamente ameaçado: a Reputação!
Está perante um desafio, o mais complexo de todos; recuperar aquilo que leva anos a construir e a solidificar. Só há um caminho e esse caminho passa por olhar este ativo – reputação – como um investimento crucial para o sucesso do seu negócio.

Não é um caminho fácil. Exige estratégia, planeamento, bom senso, seriedade, demonstração concreta dos valores que a empresa defende e com base nos quais se posiciona no mercado, conseguindo assim repercuti-los, naturalmente, no seu "capital imagem".

INSIGHTS SOBRE COMUNICAÇÃO

Estamos simplesmente a falar de gestão. Gestão da confiança, gestão da notoriedade, gestão da credibilidade, gestão de relações duradouras com stakeholders. Em suma, estamos a falar da gestão da sua empresa mas com uma visão holística, tendo consciência dos distintos ativos que tem para gerir e que é crucial não apenas parecer (aquilo que diz ao mercado) mas também ser. Eu defendo (e estudos há que o demonstram) que por todos estes motivos gerir reputação é um excelente investimento e não um custo. É uma corrida de fundo, não um percurso curto com resultados imediatos, não devendo por isso andar ao sabor de "modas" e tendências de marketing. A reputação deve ser construída e alimentada. É estratégica e não apenas tática. Constitui um investimento que, bem gerido, pode transforma-se num grande retorno. É o ativo reputação!

OJE (PRINT) | 16.01.2007

> É PRECISO REFORÇAR A NOSSA CREDIBILIDADE, CRIAR E IMPLEMENTAR UM 'BRAND PORTUGAL' FORTE.

CONSTRUIR A REPUTAÇÃO NACIONAL

Criar uma reputação forte para locais, cidades ou Estados aporta-lhes valor competitivo. Em primeiro lugar, há que definir o rumo estratégico a seguir de acordo com, por exemplo, a situação do país e definir com precisão as mensagens chave que cumprem os objetivos de uma imagem distintiva.
Depois, formar talentos e promovê-los no exterior pois funcionarão como *endorsers* dessas mesmas mensagens e ajudarão a melhorar e a reforçar a imagem do país, acrescentando-lhe não apenas visibilidade, como credibilidade e, logo, valor.
O problema coloca-se quando a imagem que existe lá fora está ultrapassada em relação à realidade do país, associada por vezes a *clichés*. É o nosso caso, quer o admitamos, quer não. E, diga-se em boa verdade, que muitos não são apenas *clichés*; continuamos a ser percecionados como um país atrasado em relação ao resto da Europa, com pouco quadros formados em áreas chave e de futuro, associado a sol e praias e a um povo embora hospitaleiro, algo inerte, saudosista e pouco competitivo.
E onde estão as nossas aspirações? Como vamos afirmar-nos como um país que quer apostar na inovação, na investigação, na formação de quadros, credível, com capacidade para atrair investimento estrangeiro, com estabilidade política, com riqueza cultural?
A ideia central, isto é, a estratégia a desenvolver, deverá passar pela implementação de planos de ação concretos em três frentes chave: social, política e económica. Só com criatividade, inovação e talento se conseguirá sair da ideia construída sobre este país na cauda da Europa. Claro que devemos potenciar o que de bom existe cá dentro, como a nossa diversidade cultural por exemplo, mas não nos podemos acomodar. Falta ousar! Ousar nos métodos, na forma como nos projetamos, como nos comunicamos, como envolvemos a sociedade civil.
Tudo isto não se consegue num dia. É uma longa caminhada que implica envolver todos os *stakeholders* e cativá-los para uma causa comum que é de todos. Já vai sendo tempo de pensar naquilo que podemos e devemos (por obrigação moral) proporcionar às futuras gerações deste país, criando valor cá

nações estarão sempre em constante competição. Não bastará, por isso, ter produtos e serviços muito bons se ninguém os conhecer e lhes der crédito. Os valores intangíveis ganham cada vez mais importância. É também o caso da imagem de um País. Sejamos ativos a construir a reputação de Portugal.

UM GANHO (DE REPUTAÇÃO) PARA PORTUGAL

Quando se pensa na reputação de produtos, as caraterísticas são facilmente identificáveis pelos consumidores. Com serviços é um pouco mais complicado. Se falarmos de países as coisas complicam-se, porque tanto objetivos como custos são diferentes, e os investimentos e expetativas mais elevados! Mas é possível fazê-lo com sucesso. Basta pensar no êxito de outros países – *benchmarking* - ter uma visão estratégica, apostar na formação de bons quadros e, sem cometer erros de arrogância (EUA), acreditar que conseguimos "apanhar o comboio" da mudança do mundo globalizado em que vivemos, de forma diferenciadora e marcante. Assim teremos prosperidade e conseguiremos proporcionar mais "riqueza" ao país.

Veja-se a forma como os turistas olham para um país: segurança, estabilidade e ambiente social são determinantes. Noutra frente, os investidores estrangeiros ponderam a segurança dos investimentos bem como o seu retorno em determinado país por oposição a outro mercado. Inequivocamente, a imagem que temos de um país influencia a forma como o percecionamos e tomamos decisões, e como esse país pode (ou não) "marcar agenda". É o selo de "certificação" do seu "estado de saúde", económica ou outra.

O *country branding* é o processo através do qual um país procura criar uma identidade única e competitiva, posicionando-se como um bom destino para trocas, turismo e investimentos. Mas construir uma marca envolvente com atributos multifacetados requer um compromisso de longa duração. Requer também políticos e burocratas capazes de perceber como se desenvolve, promove e mantém essa identidade.

Uma estrutura burocrática pouco complexa e sem duplicação de esforços é fundamental e a cooperação e envolvimento dos vários *stakeholders* é crucial, em frentes como: negócios, artes, educação, tecnologia e investigação. Depois há que fazer o diagnóstico da percepção da imagem do país, cá dentro e lá fora, e implementar um programa que torne a estratégia tangível. Mas, como em qualquer estratégica de comunicação e imagem, é determinante começar de

INSIGHTS SOBRE COMUNICAÇÃO

dentro para fora; dirigir as mensagens aos *media* (meio mais credível para qualquer campanha publicitária ou discurso político), aos portugueses (para os consciencializar da MARCA, antes de qualquer tipo de campanha, pela força do *word of mouth* e sentimento de pertença e orgulho). Depois, sim, aos governos estrangeiros, às grandes empresas internacionais e aos cidadãos estrangeiros. O passo seguinte é criar uma identidade visual, com base num tema central, para a projecção da imagem do país.

Portugal tem imensos pontos positivos para capitalizar: extensa zona costeira, capacidade de organizar grandes eventos (Euro 2004, Rock in Rio...), adoção das novas tecnologias, estabilidade política, inexistência de conflitos armados ou religiosos.
Mas, como em tudo, também há pontos fracos que, curiosamente (ou não), são endógenos: relativa inércia, atitude derrotista, taxa de iliteracia elevada, baixo número de licenciados em áreas chave, excessivo peso do Estado, dificuldade em reter talentos... crescimento económico abaixo da média europeia.

Genericamente, a ideia que os estrangeiros têm hoje de nós é a de um país quente, com boa comida, gente simpática. É preciso trabalhar a nossa credibilidade, criar e implementar uma "Brand Portugal" forte, capaz de resistir às crises e ao passar do tempo. É obrigatório apostar na capacidade criativa e empreendedora, na inovação tecnológica e na investigação científica, secundarizando a ideia de um país (apenas) hospitaleiro, de sol e de praias. É preciso pensar em novas indústrias e, de preferência, mais produtivas e avançadas. Só assim daremos o salto qualitativo. Temos de ser exigentes e pensar estrategicamente para podermos criar valor. Só assim será possível um ganho substancial de imagem, interna e externa. Ganharia o país e ganharíamos todos nós!

DIÁRIO ECONÓMICO (PRINT) | 08.10.2007

RELATÓRIO MINORITÁRIO

A temática ambiental está a tornar-se um grande negócio para muitas empresas. Moda ou não, o certo é que este assunto entrou na agenda pública e todos os dias nos deparamos com mais uma iniciativa muito nobre de uma dada empresa. É certo que esta abordagem ajuda a projetar a reputação do negócio mas não caberá aqui o lema "não basta parecê-lo, é preciso sê-lo?".

Onde começa e acaba o "estilo" e como se pode aferir a substância? Para isso é importante analisar a qualidade do serviço ao cliente, a qualidade dos produtos oferecidos, a integridade e honestidade da empresa, o investimento que faz na comunidade onde está inserida, como investe nos seus colaboradores, como se relaciona com as organizações não governamentais (ONG's), em suma, quais as mais-valias que proporciona aos seus stakeholders.

É errado partir do pressuposto de que a opinião pública compra tudo o que lhe entra pelos olhos. A conquista da sua confiança e da sua lealdade passa por dar provas daquilo que se diz; *Walk the Talk*! Assim se constrói a reputação da empresa porque o consumidor – que antes de o ser é também um cidadão - tende a comprar os produtos e a confiar nos serviços de empresas que não apenas perceciona como éticas, mas que também lhe dão provas concretas de preocupações sociais e ambientais. À partida, uma empresa com boa reputação não venderá maus produtos…

Isto para dizer que ainda existe muita retórica à volta da questão da responsabilidade social corporativa mas, e simultaneamente, muito pouco comprometimento concreto.
A responsabilidade social não pode (não deve) ser pensada como - e apenas - uma tática de conquista dos públicos de interesse. O problema é que algumas organizações tentam, por meio de operações de marketing, manipular a opinião pública adotando uma identidade e uma imagem que não lhes "pertence", no sentido em que não "casa" com a sua realidade organizacional.

INSIGHTS SOBRE COMUNICAÇÃO

Uma empresa deve elaborar e implementar programas éticos e transparentes que tenham por objetivo o desenvolvimento social com a consciência de que, caso esses programas sejam bem sucedidos e se enquadrem numa ética organizacional, lhe irão conferir ganhos significativos.

Claro que, como em tudo, há alguns exemplos de sucesso por parte de empresas nacionais que investem seriamente nesta área, não apenas pelas mais-valias que vão obter em termos de imagem ou pelo que irão subir as suas ações em bolsa. Mas são, de facto, a exceção à regra!
O que o mercado ainda não percebeu é que esta pode ser uma relação win-win. O negócio e as práticas de responsabilidade social podem "viver" numa relação de simbiose: o negócio é necessário para a sustentabilidade das práticas e a responsabilidade social é complemento fundamental para o negócio e o seu crescimento! De acordo com um estudo realizado pelo Conference Board of Canada – *Sustainable Development, Value Creation and the Capital Markets* – há uma ligação positiva entre as práticas corporativas de desenvolvimento sustentável e o aumento do valor das suas ações de mercado. As empresas com boas práticas de responsabilidade social estão também nos lugares cimeiros nas listas das que mais facilmente recrutam ativos com melhores qualificações.

Esta é uma questão que está em cima da mesa e que foi recentemente alvo de um inquérito online realizado junto da opinião pública pelo Reputation Center da empresa britânica Ipsos Mori.

É pois necessário redefinir "sucesso" de forma a alinhar fatores sociais, ambientais, humanos e financeiros, criando enquadramentos nacionais e internacionais.
Significa isto que a sustentabilidade das empresas tem que ser reequacionada para bem da sua competitividade. Todas as organizações têm uma relação de dependência com os seus públicos, e a partir do momento em que estes não lhe reconhecem valor, isso irá necessariamente refletir-se no seu negócio.

Não se pode ter uma marca global sem responsabilidades globais.
A questão é que para muitas empresas, no entanto, as políticas e práticas de responsabilidade social não passam ainda da elaboração de relatórios minoritários, alguns com estilo mas muito poucos com substância!

DIÁRIO ECONÓMICO (PRINT) | 01.04.2008

VERDE: uma verdade (in)conveniente

A crescente consciencialização social do "*Verde*" e das preocupações ambientais que lhe são inerentes conheceu, nos últimos anos, um boom que parece chegar a 2008 com enorme força e sem abrandamento à vista. Não lhe será certamente alheio a participação de Al Gore, galardoado com o Prémio Nobel da Paz, no também galardoado documentário "An Inconvenient Truth", sendo que muitos especialistas consideraram fundamentais os seus esforços no plano ambiental para que lhe fosse atribuída tal distinção.

Em Portugal expressões como "iniciativas verdes" ou "preservação do verde" não só marcam já a agenda, como entraram na gíria de consultores e decisores. É a *buzz word* do momento.

A sociedade civil também não passou, como seria de esperar, ao lado deste boom de "awareness" ambiental. O público está mais desperto para o facto de que as suas escolhas enquanto consumidor individual podem afetar o meio ambiente global, sendo, à partida, muito mais exigente com os seus fornecedores.

Não é assim de estranhar que muitas empresas nacionais estejam já a aderir a esta nova tendência para 2008, traçando iniciativas de proteção ambiental ou implementando novas práticas de responsabilidade social que reforcem a sua imagem, associando-a a valores como «empresa ecologicamente responsável». Na realidade temos já alguns exemplos de sucesso por parte de empresas nacionais que investem seriamente nesta área, não apenas pelas mais-valias que irão obter a diversos níveis mas também porque apostam e acreditam que a responsabilidade cívica tem que fazer parte integrante da cultura da sua organização em nome do sucesso, da idoneidade, em suma, da sustentabilidade do seu negócio!

No entanto, há que analisar os dois resultados possíveis deste "branding Verde" para 2008: por um lado, os consumidores poderão admirar os esforços das "companhias Verdes" e suas iniciativas; por outro, poderão fartar-se da constante "torrente" de reivindicações empresariais passando a ver o "branding Verde" como forma de manipulação.

As empresas devem assim colocar algumas questões: "Como transformar os esforços em iniciativas percecionadas como sinceras pela opinião pública e não apenas uma moda?", "De que forma é que o branding Verde pode impactar o seu posicionamento no mercado?" e "Será que esta é a melhor forma de agir em concordância com a imagem que a empresa quer dar de si mesma?".

A questão que se coloca do ponto de vista estratégico é muito simples: até que ponto será benéfico para uma empresa passar a sua imagem como "environmentally friendly" num momento em que todas as empresas ingressam nesta crescente onda de consciencialização pública? Fará a diferença? Caso se julgue benéfico - à priori - há no entanto diferenciais em termos de mais valias para uma empresa que, mais que querer passar uma imagem "verde", procure simultaneamente envolver todos os seus stakeholders no processo social, seja através de iniciativas, de donativos, ou da distribuição de materiais ecologicamente preparados. É, por isso, determinante que as empresas consigam equilibrar as vertentes ambiental, económica e social. Só assim alcançarão um efetivo desenvolvimento sustentável! Princípios como manuais de boas práticas ambientais; criação de valor (para acionistas, quando é o caso e clientes); eficiência na utilização de recursos; gestão do capital humano; apoio ao desenvolvimento social; entre outros, não devem ser descurados.

Em suma, as empresas devem tomar como sério o aviso do antigo ditado português que diz: "Faz o que eu digo, não faças o que eu faço": neste caso específico não basta parecer, é preciso ser! Só assim os seus esforços e iniciativas podem ser tomados como sinceros e só dessa forma poderão capitalizar num mercado em que o posicionamento geral é aderir a esta "moda" que se tornou o "Verde". O oposto implicará certamente danos na reputação e na "saúde" financeira da empresa.

A ESSÊNCIA DA COMUNICAÇÃO EM SOCIEDADE: INFORMAÇÃO, DIÁLOGO E INTERAÇÃO DIRETA COM OS PÚBLICOS.

AS RELAÇÕES PÚBLICAS E A NOVA COMUNICAÇÃO

As Relações Públicas (RP) representam a essência da comunicação em sociedade – um conceito necessariamente mais abrangente do que a ideia de comunicação social (*mass media*).

Ao contrário da publicidade, fundamentada nas funções apelativa e persuasiva da comunicação, as RP baseiam-se na função informativa e fática, e ultrapassam a lógica massificada da comunicação social, privilegiando a dimensão interativa entre os interlocutores. A sua metodologia e ferramentas permitem comunicar com todos os stakeholders e, construir, reforçar e manter o "capital" mais valioso de uma organização: a sua Reputação!

Mas, no plano empresarial, as RP ainda se inserem no "below the line" das campanhas de comunicação, deixando à publicidade o "above the line", o grosso do orçamento do marketing promocional. Na lógica dos *mass media*, as RP ficam com o papel secundário da comunicação empresarial, com o que sobra do "bolo" do marketing. Um erro, porque, na verdade, em termos de comunicação, as RP são Tudo!

Na atualidade, quando o paradigma da comunicação social se encontra em desconstrução, com as novas gerações a passarem mais tempo na Internet do que a ver TV, ouvir rádio ou a ler jornais, quando a publicidade tradicional deixa de garantir às empresas a interação com a generalidade dos seus públicos, qual será afinal o papel das RP na comunicação praticada na nossa sociedade?

Considerando a mutação dos processos de marketing em relação ao modelo da sociedade massificada, assim como a introdução no mercado de produtos e serviços segmentados e tendencialmente personalizados, os *marketeers* deverão abandonar progressivamente o modelo apelativo e persuasivo da publicidade, adotando a proposta metodológica das RP, baseada na informação, no diálogo e na interação direta com os públicos.
Deste modo, o futuro da Comunicação, será definitivamente das RP.

MAIS DO QUE ESTAR ONLINE, É PRECISO ATRAIR A ATENÇÃO DOS STAKEHOLDERS COM INICIATIVAS INTERATIVAS.

MENSAGEM INSTANTÂNEA

Não é por acaso que a novidade do ano passado se chama Iphone, gadget que alia a leitura de ficheiros de áudio e vídeo com o telemóvel. Vivemos um momento muito virado para novas tecnologias e em 2008 espera-se que a tendência se acentue. Viver offline é hoje impossível. Depende-se do correio eletrónico, do home banking, das sms, dos blogs, dos chats. Passamos mais tempo online, a maneira como recebemos as mensagens mudou. Mas será que as Consultoras em Relações Públicas se adaptaram aos novos tempos?

Este boom tecnológico tem sido bem aproveitado para promoverem os seus serviços/produtos, mas pouco para passar a sua imagem e valores. Com honrosas exceções, o fenómeno das novas tecnologias encontra-se subaproveitado. Um site bem construído é um bom cartão de visita, mas a sua utilidade não se deve esgotar aí. Como porta aberta para o quotidiano de uma organização deve ser visto como mais-valia. Mais do que apenas estar online, é preciso participar, atrair a atenção dos stakeholders com práticas como marketing viral ou iniciativas interativas.
 No campo das RP ainda se aposta pouco nas soluções "oferecidas" pelas novas ferramentas de comunicação, valorizando-se modelos tradicionais. Dada a sua eficácia comprovada é natural que se mantenham no topo da lista das técnicas a usar. Mas perante uma opinião pública cada vez mais informada importa também explorar outros canais de comunicação.

São vários os casos de sucesso de organizações que têm apostado nas tecnologias como forma de aproximação ao seu público-alvo, apostando na interatividade. A Amazon ou o IKEA são exemplos de sucesso porque o cidadão sente que "falam" diretamente para ele e que a mensagem é personalizada, razão pela qual a integração de plataformas tecnológicas como a internet, as comunicações móveis e depois o necessário *word to mouth* são ingredientes de uma campanha de sucesso. Os meios existem. Falta apostar na criatividade e encontrar novas formas de chegar aos diferentes públicos, dando resposta às suas expetativas.

OJE (PRINT) | 23.04.2008

MARCAS DO TEMPO

São as pessoas ou o tempo quem mata as nossas marcas favoritas?
Na minha opinião, as marcas estão para os produtos e serviços como as identidades para as pessoas. Se mantivermos durante muito tempo a nossa identidade com base num mesmo conjunto de caraterísticas (imagem pessoal, vocabulário, atitude…) ficamos desatualizados e queixamo-nos que o tempo nos desgastou. Porem, se não possuirmos elementos distintivos, porém, o facto de andarmos a mudar de imagem ao sabor das modas afetará certamente a nossa identidade. Neste caso, queixamo-nos que as pessoas (os consumidores, no caso das marcas) só nos "vêem" se andarmos sempre a promover-nos. O nome|marca Madonna é um exemplo vivo desta harmonia estratégica. O tempo não a tem impedido de estar na vanguarda.

O tempo só mata marcas que não conseguem o equilíbrio entre uma identidade singular e a imagem que devem adotar a cada momento: os consumidores só se relacionam com marcas com as quais se identificam num determinado contexto. Acompanhando a história, percebemos que muitas marcas pioneiras desapareceram, dando lugar às que se fixaram na memória dos consumidores.

Posto isto, com os gestores e staff corretos não há razão para que uma marca não possa evoluir e ajustar-se às flutuações do mercado. Independentemente das mudanças na tecnologia, economia global ou confiança dos consumidores, as marcas podem ser flexíveis e sobreviver a climas de negócio transitivos. É, muitas vezes, a má gestão que mata as marcas, não o tempo!

Mas não podemos deixar de ver o outro lado da moeda. Todas as marcas podem ficar obsoletas. À medida que o tempo passa as "relações de confiança" mudam e as marcas não conseguem manter uma relação forte com os consumidores enquanto evoluções na tecnologia, valores e demografia influenciam o mercado. Apesar dos esforços dos mais talentosos profissionais, o tempo envelhece todas as identidades de marca e pode fazê-las desaparecer. Vejam-se os exemplos da Atari ou da Netscape.

Conclui-se que a boa imagem|reputação de uma marca requer constante esforço; é necessário adicionar-lhe valor (confiança, respeito, admiração, estima, relevância) e ir reconstruindo a sua imagem. O tempo é apenas a variável que fornece indicação relativamente às mudanças nas preferências do mercado|consumidores, proporcionando novas tecnologias que ajudam a melhorar marcas já existentes.
Não esqueçamos que à medida que o tempo passa os consumidores envelhecem, dando origem a novas gerações que devem ser conquistadas em função das suas aspirações e necessidades.

Quer isto dizer que é mais importante ser o primeiro na percepção do consumidor do que ser o melhor. Só assim não se perderá a liderança!

A gestão da marca é um conceito dinâmico. A constante avaliação da mudança comportamental dos consumidores e saber integrá-la na estratégia (de negócio) da marca é a chave para o seu sucesso.
As marcas morrem pela negligência desta simples mas muitas vezes esquecida verdade. Na era em que as lealdades a uma marca se tornaram (quase) coisa do passado, não podemos esquecer a importância das percepções. Tal não significa que devamos mudar constantemente os valores e posicionamento da marca: o trabalho mais importante e desafiante para gestores de marcas é o de lhe conferirem uma imagem contemporânea e relevante.

Por tudo isto uma boa marca muda com os tempos sem perder a sua identidade. Pode flexibilizar-se, evoluir, mas ainda assim ser reconhecida por todos, em qualquer parte do planeta, como a mesma marca. Vai uma Coca-Cola?

EXPRESSO (PRINT) | 10.05.2008

USE A *INTELLIGENCE*

Portugal, uma economia aberta, dependente do exterior, está hoje na primeira linha de impato dos efeitos da globalização económica. Os nossos empresários e gestores operam ao nível das pequenas e médias empresas. Nunca as oportunidades de transformar um pequeno ou micro negócio numa empresa global foram tão evidentes. Contudo, a generalidade dos gestores continua a operar num modelo de marketing que promove produtos e serviços antes de procurar entender o que pretendem os clientes.

A economia globalizada exige a substituição do marketing dos produtos e serviços pelo marketing de comunicação. A produção em massa foi substituída pela produção personalizada. Parece óbvio que para desenvolver este novo modelo económico será necessário assumir a comunicação empresarial, em todas as suas valências e potencialidades, como fator preponderante da gestão das empresas enquadradas num mercado global.

Se admitirmos que a informação e os conteúdos são a matéria-prima do futuro, existirá melhor forma de produzi-los e transformá-los do que através da comunicação, da interação de diversos públicos (stakeholders) e empresas?

A comunicação e as relações públicas desenvolvem atividades de interacção com os públicos das empresas, permitindo recolher dados sobre os comportamentos e intenções de atuais e potenciais clientes. Os gestores raramente os analisam convenientemente e consideram nas suas decisões. Elementos tão simples e tradicionais (embora haja outros estratégicos que ficam esquecidos) como os recortes de imprensa, periodicamente recolhidos sobre um determinado mercado ou área de actividade, são considerados como forma de verificar o impacto da atividade da empresa, mas quase nunca como modo de analisar e compreender a evolução desse mesmo mercado.

Se passarmos desta lógica dos meios de comunicação de massas para o atual modelo de comunicação em rede global, as potencialidades deste conceito de *Communication Intelligence* multiplicam-se exponencialmente. Será a atual crise económica o momento certo para impor a comunicação como fator determinante na gestão das nossas empresas? Comunicar em torno desta questão é, sem dúvida, o primeiro passo... Estamos a dá-lo.

OJE (PRINT) | 30.06.2008

OS TRÊS PILARES DE UMA NOVA COMUNICAÇÃO EMPRESARIAL.

OVERDOSE DE RELAÇÕES MEDIÁTICAS

As empresas e as organizações em Portugal estão cada vez mais atentas aos benefícios de exercer uma comunicação institucional efetiva com os seus públicos. Porém, quando chega a altura de os nossos gestores começarem a compreender exatamente o que são as famigeradas "Relações Públicas", os assessores e as agências de comunicação tendem a apresentar-lhes uma receita única, na qual estão viciados: *Media Relations*.

Numa era de acelerada mutação dos media, com os próprios publicitários a considerarem a sua atividade no âmbito mais abrangente das relações públicas, reduzir a comunicação empresarial à assessoria de imprensa, às relações mediáticas, representa uma menos valia para os profissionais do setor e para os seus clientes.

Nas últimas décadas, criaram-se uma série de equívocos em torno das *media relations*. Os responsáveis pela gestão empresarial têm dificuldade em compreender as lógicas editorias e jornalísticas, das quais dependem as relações mediáticas a desenvolver, tendendo a confundi-las com as lógicas publicitárias. Os profissionais de comunicação e relações públicas promovem os seus serviços diferenciando-se unicamente pelo nível de relações mediáticas que supostamente desenvolvem.

Além disso, estabeleceu-se como regra o primado da quantidade de informação de imprensa difundida pelas empresas em detrimento do fator qualidade. Ora, sabemos que os espaços editoriais são limitados em dimensão e que a seleção de conteúdos se faz, naturalmente, pela qualidade e diferenciação dos mesmos.

Frequentemente as empresas possuem mensagens promocionais passíveis de utilização em ações de relações públicas diversas. Como se reduziram as potencialidades da comunicação à técnica das relações mediáticas, os elementos promocionais são incluídos e difundidos nas informações de imprensa. Como consequência, os conteúdos promocionais são desperdiçados em ações de *media relations* que não se lhes adequam, e as informações de imprensa tornam-se, afinal, apenas mensagens promocionais destinadas a um público específico – os jornalistas.

Esta overdose de relações mediáticas representa um desperdício das potencialidades da comunicação e das relações públicas, como instrumento de gestão empresarial numa sociedade cada vez mais globalizada.

Este é o momento certo para todos – empresários, profissionais da comunicação e relações publicas, assessores de imprensa e 'maketeers' – assumirmos definitivamente a comunicação empresarial como uma ferramenta de gestão englobante e determinante, corrigindo o nível desproporcionado e desadequado que as relações mediáticas, além da própria publicidade, possuem na definição das estratégias de comunicação e, necessariamente, no sucesso empresarial.

DIÁRIO ECONÓMICO (PRINT) | 25.07.2008

ASSUMIR TODOS OS PÚBLICOS INSTITUCIONAIS COMO PARCEIROS DOS VÁRIOS PROJETOS AJUDA A EXERCER UMA EFETIVA RESPONSABILIDADE SOCIAL.

RESPONSABILIDADE SOCIAL RESPONSÁVEL

A responsabilidade social das empresas ou instituições deve fazer parte do plano geral de comunicação com os públicos de cada entidade, numa dupla perspetiva: gestão da reputação e da imagem institucional e preocupação real e operacional com a sociedade na qual cada instituição se insere e da qual depende.

Ou seja; além das ações de marketing promocional que visam agregar a imagem de uma entidade a uma preocupação consensual da sociedade, retirando delas os naturais dividendos diretos em termos promocionais, importa estabelecer um plano de comunicação com os diversos públicos de cada empresa ou entidade (stakeholders), no sentido de garantir que a responsabilidade enunciada e promovida tenha recetividade.

Há quem entenda a responsabilidade social numa perspetiva meramente comercial. Exemplo: se precisarmos de implantar uma estrutura industrial numa área ecologicamente sensível, vamos oferecer à comunidade algo em troca – o que resulta em particular quando se trata de uma comunidade carenciada – comprando assim a anulação das possíveis contestações. Não querendo ferir suscetibilidades, diria que, em alguns destes casos, se trata de pura irresponsabilidade social, uma vez que as reações negativas serão apenas camufladas.

Em sentido lato, responsabilidade social diz respeito ao cumprimento dos deveres e obrigações das empresas ou instituições para com a sociedade em geral, nomeadamente via uma gestão ética e transparente em relação a todos os públicos com os quais se relacionem, quer de modo direto, quer indireto. Ainda nesta perspetiva, a responsabilidade social destas entidades poderá corresponder à adoção voluntária de preocupações sociais e ambientais no âmbito da sua atividade.

Eu diria que a responsabilidade vai muito para além da perspetiva comercial, do marketing promocional e até do marketing social, cujos princípios se baseiam na implementação de ações que visem aumentar a aceitação de uma ideia social, ou a sua prática. Naturalmente, esta ideia terá sempre uma determinada origem (de natureza política ou económica) e poderá, ou não, corresponder à perspetiva de quem vai ser alvo das ações.

A responsabilidade social terá, portanto, de ser fundamentada na comunicação e não apenas em ações promocionais de natureza meramente publicitária.

Um conceito genuíno de responsabilidade social implicará, por exemplo, anular a diferença entre públicos internos e externos, fazendo com que a comunidade local e os restantes públicos sejam vistos pela empresa como sendo públicos internos e relacionando-se com eles como se fossem tão importantes como os próprios colaboradores, com o objetivo de que estes últimos comecem a agir sobre a restante comunidade como se se tratasse de uma extensão da sua própria empresa.

Só nesta perspetiva de comunicação, assumindo todos os públicos institucionais como parceiros dos vários projetos, será possível exercer a responsabilidade social efetiva, retirando daí os óbvios benefícios em termos de reputação e de imagem!

DIANOVA ONG | 26.09.2008

O ESPELHO NÃO MENTE

Todos fazemos balanços periódicos sobre a comunicação que efetuamos. Rever o item "enviados" do nosso e-mail e considerar o efeito que as nossas mensagens tiveram nos respetivos recetores, comparar a atitude e o argumento do amigo que foi connosco de férias e conseguiu trazer um tapete por um preço consideravelmente inferior, são apenas alguns exemplos do nosso dia-a-dia.

Porque não fazem as empresas exercícios periódicos semelhantes? As empresas investem em comunicação quantias significativas em comunicação – sob a forma publicidade e de relações públicas – sem refletir sobre os efeitos e feedbacks dos seus públicos de um ponto de vista da pura interação entre um emissor e um recetor, num determinado contexto, com um determinado código, através de uma mensagem específica.

Quantas empresas existem que prestem serviços de auditoria de comunicação que permitam avaliar a interação entre as empresas e os seus públicos, numa perspetiva de comunicação integrada? Como poderá uma empresa avaliar a comunicação que efetua com os seus Stakeholders? Como poderá fazer um balanço integrado e periódico da forma como comunica, ultrapassando a lógica segmentada das campanhas?

É um facto que consultoria e auditoria deverão ser realidades distintas, por uma questão de independência da avaliação no que se refere à atividade dos consultores, mas não deveriam as associações do setor promover esta atividade como forma de credibilizar e valorizar o seu trabalho?

Poderá o setor específico das relações públicas ignorar a oportunidade de promover a excelência do seu serviço? Penso que não!

Senão vejamos: o conceito de auditoria corresponde a uma análise mais ou menos exaustiva de um ou mais elementos que caraterizam a situação de uma determinada organização. Essa análise é efetuada por uma entidade externa à instituição, no sentido de garantir o caráter de independência e sigilo. A entidade objeto de uma auditoria é habitualmente uma empresa ou instituição/organização pública. Existem vários tipos de auditoria, de acordo com o objeto da análise, com a entidade que a efetua e com a própria forma como é desenvolvida, sendo que as auditorias financeiras e informática serão porventura as mais conhecidas.

Em termos de comunicação deverão ser auditadas todas as mensagens e todos os elementos suscetíveis de constituir uma imagem ou uma mensagem perante os públicos da empresa; no fundo todos os indicadores que traduzem de forma fidedigna os objetivos definidos, a imagem e o posicionamento da mesma. Trata-se de uma perspectiva que, naturalmente, ultrapassa e relativiza a dimensão do marketing.

Deste modo, a auditoria de comunicação consiste na análise dos registos relativos aos processos de comunicação de uma determinada organização, efetuada por uma entidade qualificada e independente, com o objetivo de verificar se esses indicadores traduzem de forma correta e fidedigna a posição e imagem dessa organização perante os seus públicos, no período de tempo considerado.

As relações públicas constituem o domínio da comunicação que constrói as suas mensagens a partir da interação com o recetor, sendo para isso essencial uma avaliação dos registos e elementos observáveis. Julgo, portanto, que deverá ser este setor, em particular, a assumir a promoção do serviço de auditoria de comunicação, liderando assim o processo de emergência de uma comunicação empresarial integrada.

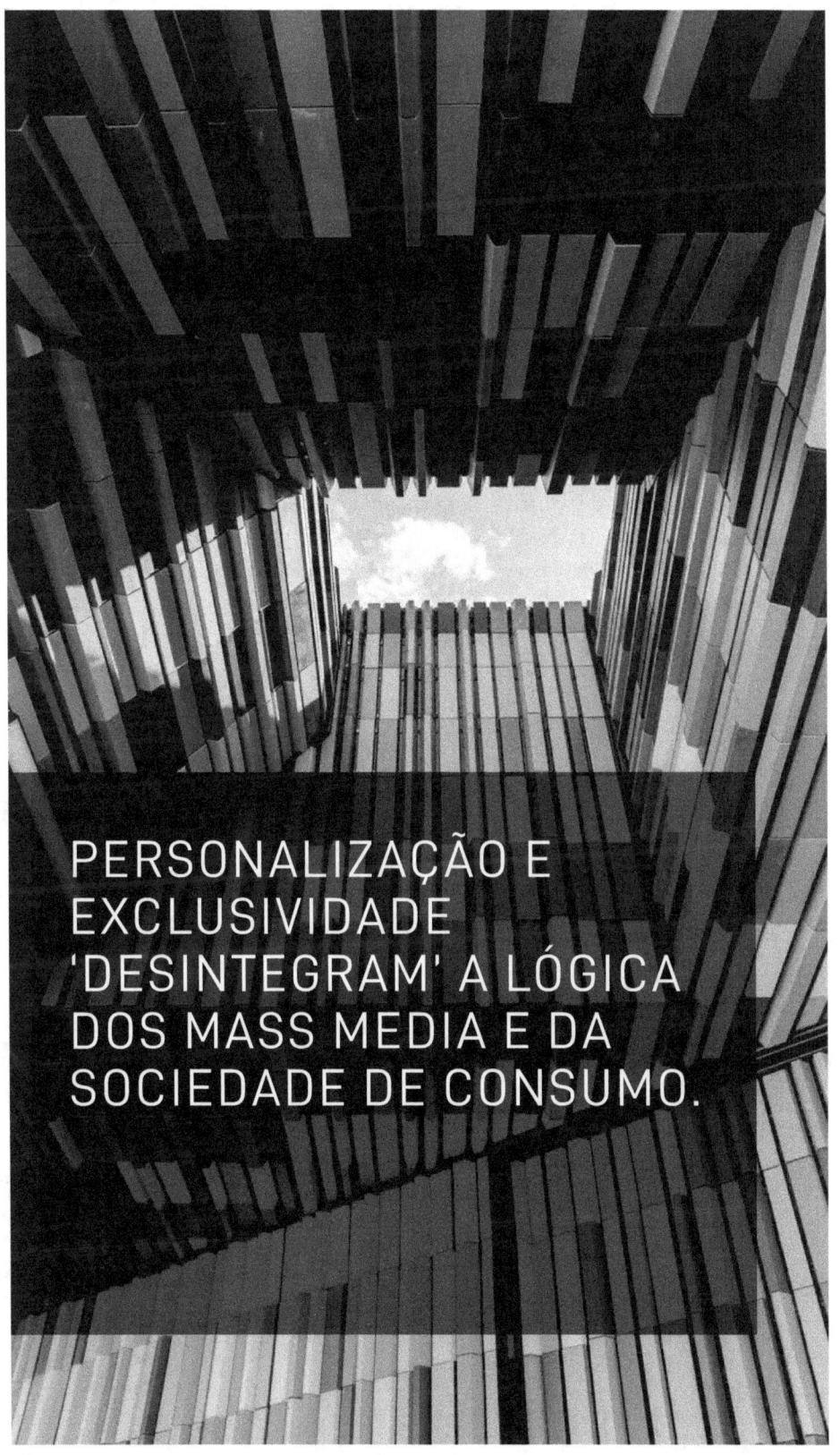

EXCLUSIVIDADE E PERSONALIDADE
OS NOVOS PADRÕES DA COMUNICAÇÃO

Com as novas gerações a optarem, progressivamente, pelos media online em detrimento dos media tradicionais (nomeadamente a televisão), mudam-se as regras do jogo da comunicação social.
Os novos media impõem à comunicação social uma lógica de personalização e mesmo de exclusividade dos conteúdos (informação, entretenimento ou outros), bem como dos produtos e dos serviços disponibilizados através da *Rede*.
A adoção progressiva destes novos padrões de comunicação representa uma forma de ultrapassar os chamados *mass media* e a própria sociedade de consumo. Impõe-se, pois, *reinventarmos* um novo modelo de comunicação em sociedade, quer estejamos a falar de relações públicas | consultoria em comunicação, publicidade, marketing ou de jornalismo.

Neste sentido, tanto os departamentos de marketing como os gabinetes editoriais esforçam-se por disponibilizar aos recetores das mensagens informativas e comerciais, conteúdos adequados aos respectivos perfis individuais. É um investimento relevante em *know-how*. Mas não podemos esquecer que as mutações verificadas na lógica das audiências a isso obrigam.
Resta saber se a economia acabará por ditar uma segmentação destes perfis em grupos progressivamente maiores, procurando uma relação rentável entre a produção massificada e o consumo personalizado...

O conceito de *personalização* constitui uma forma de distinguir os indivíduos em relação ao modo como reagem perante uma situação, pelo que a personalidade - necessidades | motivações| expectativas | atitudes - de um indivíduo permite, de alguma maneira, antever o seu comportamento. Tendo em conta as teorias (cada vez mais atuais) que defendem que todo o comportamento constitui comunicação, poderemos também antever a forma como cada um de nós interage e comunica através das respetivas personalidades?

Podemos admitir que sim. No entanto, será igualmente pertinente interrogarmo-nos sobre o seguinte: se a personalidade passa a ser o fator preponderante na comunicação e na produção de conteúdos, poderemos comunicar, interagir, no sentido de "formatar" personalidades | comportamentos?... E, nesse caso, poderá essa hipótese representar uma nova massificação da comunicação, seja ela social ou empresarial?

A regra da exclusividade, por outro lado, tem sido adotada pela comunicação social na lógica da valorização do "produto notícia" e pelas indústrias de alguma forma ligadas ao *lifestyle*. São exemplos disso a moda ou o automóvel. Conta, neste caso, o fator criatividade e a lógica de autor. Ou seja, o produto ou o conteúdo é transmitido pessoa (criador, autor, repórter) a pessoa (consumidor, leitor, espectador). Deste modo, a exclusividade leva a personalização ao extremo, unindo produtor e consumidor, emissor e recetor de uma mensagem, numa relação de comunicação quase ao nível mínimo, interpessoal.

Personalização e exclusividade "desintegram", portanto, a lógica dos *mass media* e da sociedade de consumo, afirmando-se como padrões de ação tanto para a comunicação social como para a comunicação empresarial.
Porém, se por um lado é verdade que os novos media e as inovadoras técnicas de interação desmantelam a cada dia um modelo de sociedade assente numa lógica de comunicação massificada, é também verdade que a economia rapidamente se encarregará de reduzir os processos interativos ao mínimo denominador comum, rentabilizando ao máximo os conteúdos produzidos.

Por enquanto, a personalização e a exclusividade reinam no panorama da comunicação acima de qualquer recaída massificadora.
É nestes valores que temos de apostar; sejamos jornalistas, marketeers, publicitários ou profissionais de comunicação e relações públicas!

MARKETEER (PRINT) | 01.12.2008

ALÉM DOS FATORES TECNOLOGIA E SUSTENTABILIDADE É NECESSÁRIO ADICIONAR INOVAÇÃO.

OS TRÊS PILARES DE UMA NOVA COMUNICAÇÃO EMPRESARIAL

Se é verdade que na atual economia globalizada os fatores de competitividade empresarial estão centrados nos elementos humanos, uma vez que o acesso às tecnologias de informação e de comunicação se banalizou, também é verdade que a sustentabilidade das empresas já não depende apenas da sua rentabilidade económica.

Fatores como o equilíbrio entre a capacidade competitiva e a sustentabilidade social das empresas são hoje determinantes para saber se um negócio é compatível com os mercados nos quais se pretende inserir. Com efeito, os públicos assumiram e interiorizaram os novos modelos tecnológicos de relacionamento com as empresas e não estão dispostos a abdicar dessas vantagens.

Queiramos ou não, de um ponto de vista pragmático, a adesão da generalidade dos públicos às causas associadas à responsabilidade social, proteção do ambiente ou outras, relacionam-se diretamente com a defesa de um modelo de comunicação eminentemente tecnológico. Sem a inclusão do fator sustentabilidade na equação empresarial, os públicos voltariam a perder o poder de influência e de interação de que atualmente dispõem junto das empresas.

É precisamente nesta fase, na qual nos encontramos atualmente, que além dos fatores tecnologia e sustentabilidade se torna necessário adicionar um terceiro pilar que garanta a estabilidade de um novo modelo de comunicação e de gestão empresarial: Inovação.

Com efeito, só adotando sistemas e procedimentos de gestão inovadores sobre um modelo económico que ainda é tradicional, herdado ainda da industrialização e da comunicação social massificada, será possível aplicar, de uma forma progressiva e sustentável, as potencialidades das novas tecnologias da informação e da comunicação. A questão ambiental é apenas um exemplo desta necessária sustentabilidade por parte de uma sociedade cada vez mais tecnológica.

Portanto, estando banalizadas as tecnologias e garantida a adesão dos públicos aos argumentos da sustentabilidade, falta às empresas dar o próximo passo, através da inovação, para consolidar e credibilizar a sua comunicação junto dos públicos. O desafio que enfrenta a economia portuguesa não é diferente deste. O fator inovação é, sem dúvida, determinante para o sucesso e a competitividade, mas inovar sem ninguém saber e conhecer essa mudança não é verdadeiramente inovar. A inovação, tal como a tecnologia e a sustentabilidade, precisam de ser partilhadas; essa é a função de uma comunicação empresarial que, também ela, se quer inovadora.

A CRISE E OS CEO'S... GERIR OU NÃO GERIR - EIS A QUESTÃO!

Na minha atividade, habituei-me a assumir a gestão de qualquer crise de acordo com a opção por uma de duas atitudes possíveis: pró-ativa ou reativa. Sendo a comunicação um vetor determinante da moderna gestão empresarial, provavelmente até o mais importante tendo em conta a incontornável globalização, julgo que cada empresa deverá optar por uma destas atitudes, de forma consciente. Gerir a crise ou ser gerido por ela é uma escolha que qualquer Chief Executive Officer (CEO) terá inevitavelmente que fazer nos tempos que correm.

É certo que em comunicação trabalhamos habitualmente com a prevenção, através da adoção prévia de um manual de crise, relativo aos riscos inerentes a cada empresa, e é também certo e unânime que as crises não vêm nos manuais de economia. Contudo, é precisamente nestas circunstâncias que se verifica quem tem capacidade para empreender, para ver um pouco mais além, e quem se limita a gerir "by the book", aplicando reativamente as receitas de gestão previamente identificadas. O povo diria "quem tem unhas é que toca guitarra". Eu digo: CEO que não tenta gerir a crise, acaba por ser gerido por ela!

A atitude empresarial "prudente" é congelar os projetos que estavam para arrancar e reagir aos sinais do mercado. Como os sinais tendem a ser prolongadamente negativos, os CEO's reagem em consonância, reduzindo os investimentos quer em materiais e equipamentos, quer em recursos humanos, aguardando sinais de mercado que indiciem uma possível saída da crise. Esta atitude declaradamente reativa leva-nos a perguntar se quando esses sinais positivos surgirem os referidos projetos ainda farão sentido.

O ressurgimento do nacionalismo económico e do protecionismo em vários países da Europa avaliza esta atitude passiva, defensiva e reativa em relação à crise. Torna-se inverosímil pensar que, nos tempos que correm, um CEO pode proceder a despedimentos massivos e requerer apoio estatal sem que isso tenha impato na opinião que os stakeholders têm da empresa.

Com efeito, o mercado continua a funcionar ainda que em condições de exceção. Os públicos continuam a ter opinião sobre as empresas e isso continua a refletir-se no seu desempenho, nas vendas de produtos e serviços, na sua comunicação e na sua imagem.

Não tenho a menor dúvida que é essencial fazer uma gestão de crise para cada empresa em termos específicos. Pensar que numa situação de crise as empresas devem ser geridas da mesma forma, entrando numa espiral de contenção, sem analisar as vantagens e desvantagens de adotar uma atitude mais reativa ou mais pró-ativa perante cada circunstância, é errado. Do ponto de vista da consultoria em comunicação, seria incapaz de aconselhar um cliente a fazer uma gestão de crise "por imitação". Ou seja, se uma empresa está em crise deve ser gerida da mesma forma que outra que já esteja também em crise(?!)... Isto não me parece correto, embora os exemplos se repitam diariamente.

No atual contexto os CEO's deveriam aplicar um modelo de gestão de crise, analisando cada situação em concreto. É verdade que os *case studies* e os manuais de gestão de crise nos ajudam a reagir perante situações previamente identificadas. Mas é também verdade que esta crise não vem nos manuais e que quem se limita a reagir repetidamente a estímulos negativos, sem procurar agir proativamente, arrisca-se, de fato, a ser gerido pela crise. Gerir ou não gerir é, sem dúvida, a questão que se impõe aos CEO's na atual conjuntura.

Continuar a interagir e a comunicar com todos os públicos, sejam eles clientes, fornecedores ou entidades oficiais, continua a ser fundamental, porque o mercado não desapareceu e regista todos os atos de gestão. A perceção dos mercados nesta fase de crise é essencial para definir quem fica na "pole position" e quem é relegado para a "lanterna vermelha" quando a corrida recomeçar.

EXPRESSO (ONLINE), 06.03.2009

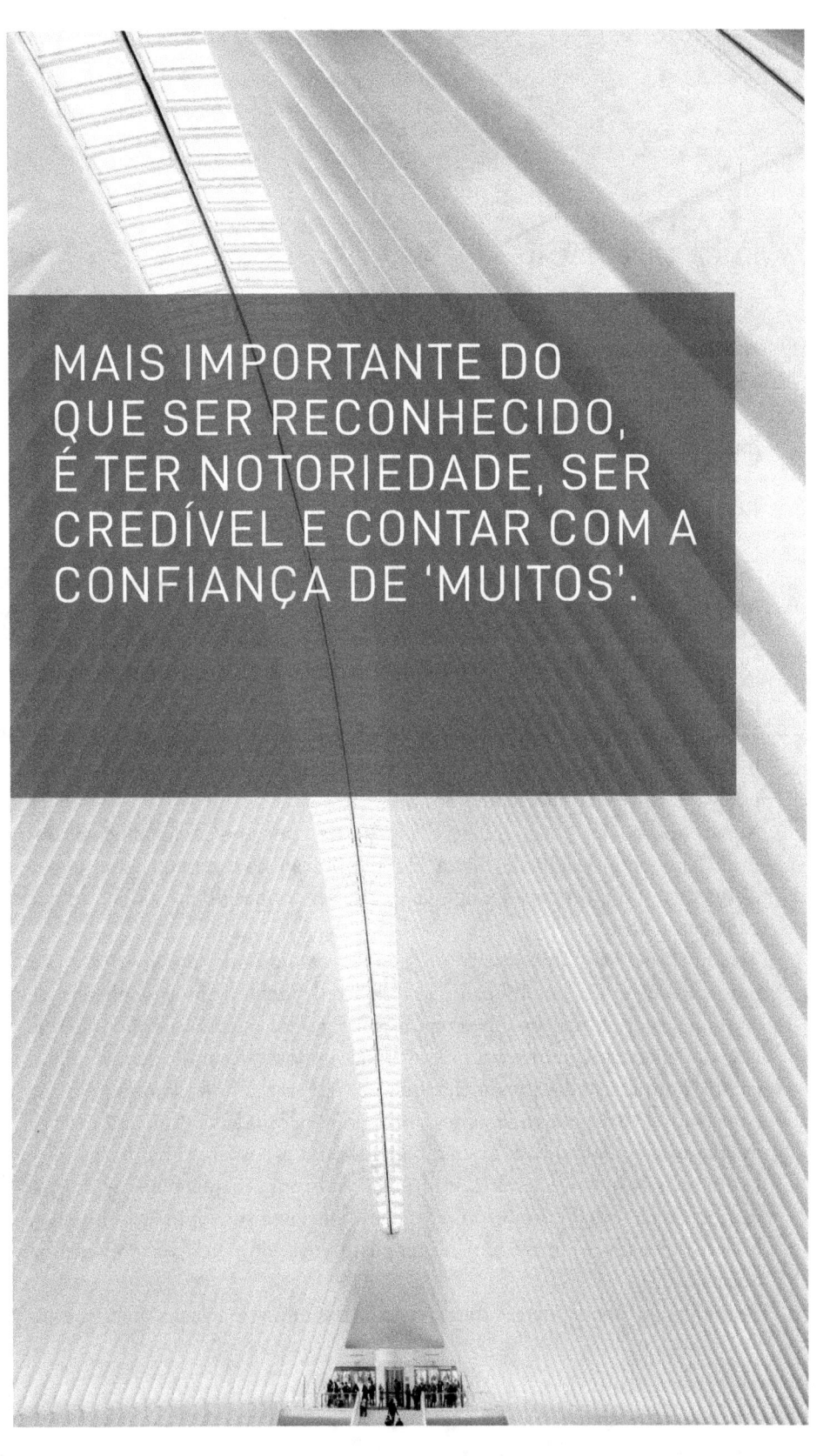

ÉTICA E REPUTAÇÃO: já é tempo!

Atualmente quando se pergunta a uma criança o que quer ser quando for grande, obtemos, geralmente, a seguinte resposta: "quero ser famoso(a)!" Com efeito, para quê estudar e trabalhar se, de acordo com os critérios da atualidade, quem ganha mais e é mais bem sucedido é, simplesmente, quem é famoso.

Este é um efeito secundário (ou colateral, como nos habituámos a ouvir em relação aos bombardeamentos americanos no Iraque), de termos uma comunicação livre, independente e auto-determinada numa era pautada pela imagem, pelos *icons*.

Os media são sobretudo os meios pelos quais nos podemos tornar publicamente conhecidos e reconhecidos, alcançar notoriedade, ser famosos ou, mais do que isso, ser notáveis e ter uma boa reputação.

Na minha profissão, habituei-me desde muito cedo à distinção clássica entre informação e opinião, entre o que é ser notório e conhecido e o que é ser notável/credível e ter boa reputação.

Mas os media têm sofrido mutações profundas, com a perda de influência dos meios de comunicação de massa e a valorização da Internet. Contudo, a distinção entre informação e opinião, entre ser conhecido e ser tido em boa conta, permanece.

Acredito que mais importante do que ser reconhecido publicamente, ter notoriedade, é ter notabilidade; ser credível, contar com a confiança de "muitos", ter portanto uma boa reputação! Significa que inovámos de alguma maneira, que conseguimos criar valor e, mais importante ainda, que acreditam em nós porque não dizemos apenas que fazemos. Fazemos mesmo! Aquilo que parecemos ser e dizemos que somos, corresponde à realidade. Aqui reside toda a diferença: a respeitabilidade e a credibilidade, valores basilares de confiança.

Isto é, mais do que terem muita informação sobre nós (o que, sem dúvida, nos vai tornar famosos) é importante que tenham uma boa opinião sobre nós. Não compensa ser famoso a qualquer custo, mas compensa sempre ter uma boa reputação.

Recordemos a boa reputação que tinham os responsáveis pela gestão financeira que nos levou à crise que atualmente atravessamos, antes da comunicação social nos dar a conhecer a verdade dos fatos."Que falta de ética!", podemos agora exclamar. No entanto, não devemos esquecer que todos nós participámos de alguma forma - com o nosso estilo de vida, hábitos de consumo, expetativas, valores sociais - àquilo que conduziu ao aumento progressivo da especulação financeira.

Ética e Reputação são, portanto, dois termos dialéticos, os quais se influenciam mutuamente. Certamente já todos ouviram uma figura pública afirmar: "não me importa o que dizem de mim, interessa é que falem de mim...!. Bem, claramente que para estas pessoas não importa se têm ou não boa reputação, mas sim se têm visibilidade, se são conhecidos, enfim... famosos!

Mas podemos ter uma boa reputação sem ética? Para que quem nos avalia tenha uma boa opinião sobre nós, tem de partilhar connosco os mesmos padrões éticos. Tal como na comunicação, tem de haver um código em comum.

No entanto, adotar um determinado código ético é apenas um princípio teórico. Para ter uma boa reputação é necessário agir em conformidade com esse código ético e saber comunicá-lo, para que todos os stakeholders tenham efetivo conhecimento de que não apenas defendemos determinados valores éticos, mas também os aplicamos na nossa conduta, pessoal e profissional.

Comunicar é portanto diferente de Agir. Podemos fazer uma coisa e comunicar outra. Existem diferentes tipos de comunicação: uns privilegiam a verdade (como a área específica das relações públicas, na qual trabalho); outros dão primazia à eficácia (como a publicidade, mais focada nas sensações do que na razão). Exemplo: na "política" de responsabilidade social das empresas deverá ser mais importante a ética ou a reputação? Existem empresas que gastam elevados orçamentos numa ação de proteção ambiental mas 10 vezes mais a dizer que a fizeram... É reputacional, sem dúvida. Mas será ético?

No caso da comunicação que valoriza a verdade, mais tarde ou mais cedo se percebe a diferença entre o que dizemos e o que fazemos. Nessa altura, a reputação (credibilidade) fica posta em causa.

Mas agora coloquemos nesta análise outra variável: não basta adotar bons princípios éticos para ter uma boa reputação. Para que saibam e reconheçam os nossos princípios éticos é necessário que deles tenham conhecimento e, para que isso aconteça, é necessária a existência de comunicação.Podemos ser os melhores naquilo que fazemos, ter os melhores e mais competitivos produtos e serviços e o nosso público não saber que existimos ou o que fazemos.

A questão que aqui se coloca é saber entre ética, reputação e comunicação, o que são meios e o que são fins, o que são objetivos e o que são instrumentos para lá chegar.

A globalização tem influenciado todas as dimensões da nossa sociedade. As empresas procuram uma reputação e um reconhecimento a nível planetário, ainda que tenham descoberto que para isso precisam de comunicar de uma forma cada vez mais localizada e personalizada, em si inversa à globalização. E a ética, terá também uma lógica global ou será cada vez mais pessoal, como a comunicação?

A tudo isto acresce um défice de confiança que se instaurou e poderá estar para durar se nada se alterar. As instituições não confiam umas nas outras, o cidadão não confia nas instituições e o capital social fica comprometido, com consequências (preocupantes) para a coesão social e todo o nosso ecossistema. É urgente que se adote um novo modelo de valores que consiga ajudar a repor o humanismo nesta sociedade moderna. Mas será certamente necessária muita coragem... Já é tempo!

Esperemos que a ÉTICA esteja - efetivamente - de volta à nossa sociedade em todos os seus domínios. Porque se é certo que todos temos direitos, também é certo que todos temos deveres: cidadãos, empresários, políticos!

EXPRESSO (ONLINE) | 22.04.2009

O MARKETING E AS MARCAS FAZEM-SE PARA A REALIDADE QUE NOS RODEIA. QUANDO ELA SE ALTERA, HÁ QUE CORRIGIR AS VARIÁVEIS DA EQUAÇÃO.

AS MARCAS GLOBAIS NA EQUAÇÃO DA CRISE

Numa altura em que as grandes marcas globais haviam assumido a queda do império da sociedade de consumo e da comunicação massificada, eis que a crise internacional voltou a colocar sobre a mesa a reformulação das grandes variáveis do marketing|comunicação.

É verdade que os fatores promoção e distribuição continuam a evoluir no sentido inequívoco da adoção das novas tecnologias, quer para comunicar e reforçar reputação, quer para gerir os aspetos operacionais e logísticos da atividade empresarial. No entanto, a crise económico-financeira - embora já a dar os primeiros sinais de resolução - fez agudizar a relevância de duas outras variáveis de marketing que o conforto proporcionado pelo nível de desenvolvimento das sociedades ocidentais nos havia feito esquecer ou, pelo menos, desvalorizar: o preço e a sua relação com a diferenciação dos produtos e serviços.

Com efeito, haviamos já despertado para o impato económico dos produtos chineses nos nossos mercados, mas a atual perda generalizada de poder de compra fá-los subir para um novo patamar de competitividade. Neste caso, poderemos continuar a gerir o marketing e a comunicação das nossas empresas para a qualidade, a diferenciação e a personalização, quando o fator preço tem tido relevância na relação com os públicos?

O setor do retalho já estava habituado à relevância da variável preço na sua equação de marketing, mas será a altura de a generalidade das áreas de atividade terem este aspecto em conta. Com a previsível "invasão" dos mercados ocidentais por parte de marcas globais oriundas da China e da Índia, com preços arrasadores e impensáveis para setores como, por exemplo, o automóvel, e com os públicos induzidos a desvalorizar cada vez mais o fator qualidade, é aconselhável às marcas globais da nossa praça uma reformulação da sua equação de marketing. Isto em nome da competitividade não esquecendo, pelo caminho, fatores como inovação e empreendedorismo!

INSIGHTS SOBRE COMUNICAÇÃO

É necessário um desempenho eficaz da gestão empresarial porque a mudança pode constituir uma ameaça mas também apresenta desafios. É preciso, cada vez mais, saber liderar num contexto de complexidade já que a economia condiciona a maioria das opções sociais e políticas.

Isto porque há diferenças significativas em comunicar para um mundo que pende para Norte e para Ocidente ou para uma realidade global em que o hemisfério Sul tende a equilibrar os pratos da balança e o Oriente arrasta o centro da civilização para mais perto de si. Assistimos a uma cada vez mais forte concorrência do Oriente, com um mercado interno potencialmente esmagador de tamanho (caso consiga evoluir economicamente e criar uma forte classe média). Esta variável vai ter que conduzir, necessariamente, a alterações das estratégias de comunicação das empresas.

Lamento dizer que o poder político chegou mais depressa a esta conclusão do que o poder económico-financeiro... As grandes empresas e as grandes marcas globais necessitam urgentemente de assimilar esta nova realidade ou tendem a perder os seus públicos por falta de comunicação adequada, de uma liderança eficaz e inovadora, enquanto novas marcas dos países emergentes "atacam" esses mesmos públicos com o poder demolidor da variável "preço".

Então: para onde se deve caminhar? Como? De que forma e com que dimensão foram as empresas afetadas depois do balanço feito? Como reagir ou minimizar esses riscos | efeitos colaterais? Respostas que todos procuram mas para as quais não há receitas únicas.

Saber distinguir o essencial do acessório, incorporar o valor da ética na gestão, ser assertivo nas decisões, saber gerir ativos, saber direcionar recursos, investir nos recursos humanos - reter talentos, delegar poder, responsabilizar - e não esquecer nunca uma comunicação eficaz! Estes poderão ser (se bem aplicados) alguns fatores-chave de sucesso.

O mundo está em mudança. O marketing e as marcas fazem-se para a realidade que nos rodeia. Quando ela se altera, há que corrigir as variáveis da equação.

EXPRESSO (ONLINE) | 09.09.2009

REDES SOCIAIS: POTENCIAL DE CRISE, MAS TAMBÉM DE OPORTUNIDADE.

O NOVO PARADIGMA DA COMUNICAÇÃO

Já se sabe que a comunicação em meios online continua a crescer e a aumentar a sua popularidade. Os blogues e redes sociais como o Twitter, Facebook, Myspace ou YouTube (ex: o poder dos comentários positivos/negativos dos consumidores - Apple vs. Microsoft) são cada vez mais utilizados pelas empresas para estabelecerem relações de proximidade com o consumidor, recolher opiniões sobre os seus produtos e serviços e fazer networking. O que não podemos esquecer é que as redes sociais e toda a imensa variedade de meios de comunicação na internet constituem apenas mais um complemento às "normais" técnicas de comunicação e imagem, pelo que deverão ser integradas numa estratégia de comunicação mais global. Com as empresas a descobrirem esta nova forma de interação com o público e potenciais novos parceiros de negócio, torna-se necessária uma gestão correta para não caírem em situações de crise que danifiquem a sua reputação. Antecipar eventuais danos de imagem com consequentes repercussões no negócio, é saber liderar e gerir num contexto global e de grande complexidade. O que é publicado na internet por um consumidor ou potencial cliente pode ter consequências imediatas na imagem da empresa e, claro, com um efeito rápido à escala mundial. Considerando que as opiniões negativas e reclamações são prejudiciais à reputação da empresa, torna-se fundamental o estabelecimento de um plano estratégico que contemple a análise das mensagens publicadas online, para que possa interagir/responder rapidamente com mensagens eficazes. A interação com os utilizadores é, aliás, a palavra-chave das redes sociais. Se por um lado temos o público externo, por outro não podemos ignorar que os colaboradores e parceiros da empresa também utilizam estas plataformas e podem deixar comentários desfavoráveis ou informações confidenciais. Mas a utilização destes serviços online é inevitável, até porque já faz parte do nosso quotidiano. No entanto, os colaboradores precisam de estar sensibilizados para o facto das suas "publicações" online poderem vir a ter repercussões na imagem da empresa onde trabalham. Neste contexto, algumas empresas já começaram a elaborar códigos de conduta sobre a utilização das plataformas online, alertando os

INSIGHTS SOBRE COMUNICAÇÃO

colaboradores para a sua utilização sensata e racional. Mas em vez de bloquear o acesso muitas empresas tendem a impor regras e restrições aos colaboradores – a realidade global obriga a uma adaptação às novas formas de comunicação, quer com os públicos internos, quer com os externos. As empresas deverão aproveitar esta realidade incontornável para conceber novas estratégias de comunicação interna e externa, capitalizando a ocasião para tornar os seus colaboradores agentes diretos de comunicação e elementos que contribuem para a imagem da marca ou empresa. Conseguir o seu *commitment*! As redes sociais possibilitam uma maior proximidade com os clientes, parceiros, colaboradores, saber novidades, o que está acontecer na empresa e a publicação de mensagens que mantêm os *stakeholders* informados. A relação entre os consumidores e as marcas é cada vez mais próxima, interativa e imediata. As marcas têm, por isso, que estar a par do que se diz sobre elas no mundo online, usando, quando se justifique, os mesmos meios. Veja-se o exemplo da EA Sports que pensou estar perante uma "crise" na divulgação de uma falha informática que partiu de um dos seus consumidores; foi inteligente ao dar importância às opiniões online pela rápida propagação de comentários, neste caso no YouTube. A EA Sports respondeu na mesma moeda, transformando a falha numa vantagem, chegando ao ponto de "convidar" o próprio Tiger Woods a participar na resposta e demonstrando que afinal não há erro pois comprova que o golfista "consegue" mesmo o impossível. Um caso de boa gestão de imagem e reputação e minimização de risco pela rápida, inesperada e original actuação. Mas, como em tudo, existem prós e contras nestas redes sociais: potencial de crise, mas também de oportunidade. O importante é conseguir equilibrar os pratos da balança no novo paradigma de comunicação global.

OJE / PME NEWS (PRINT) | 24.09.2009

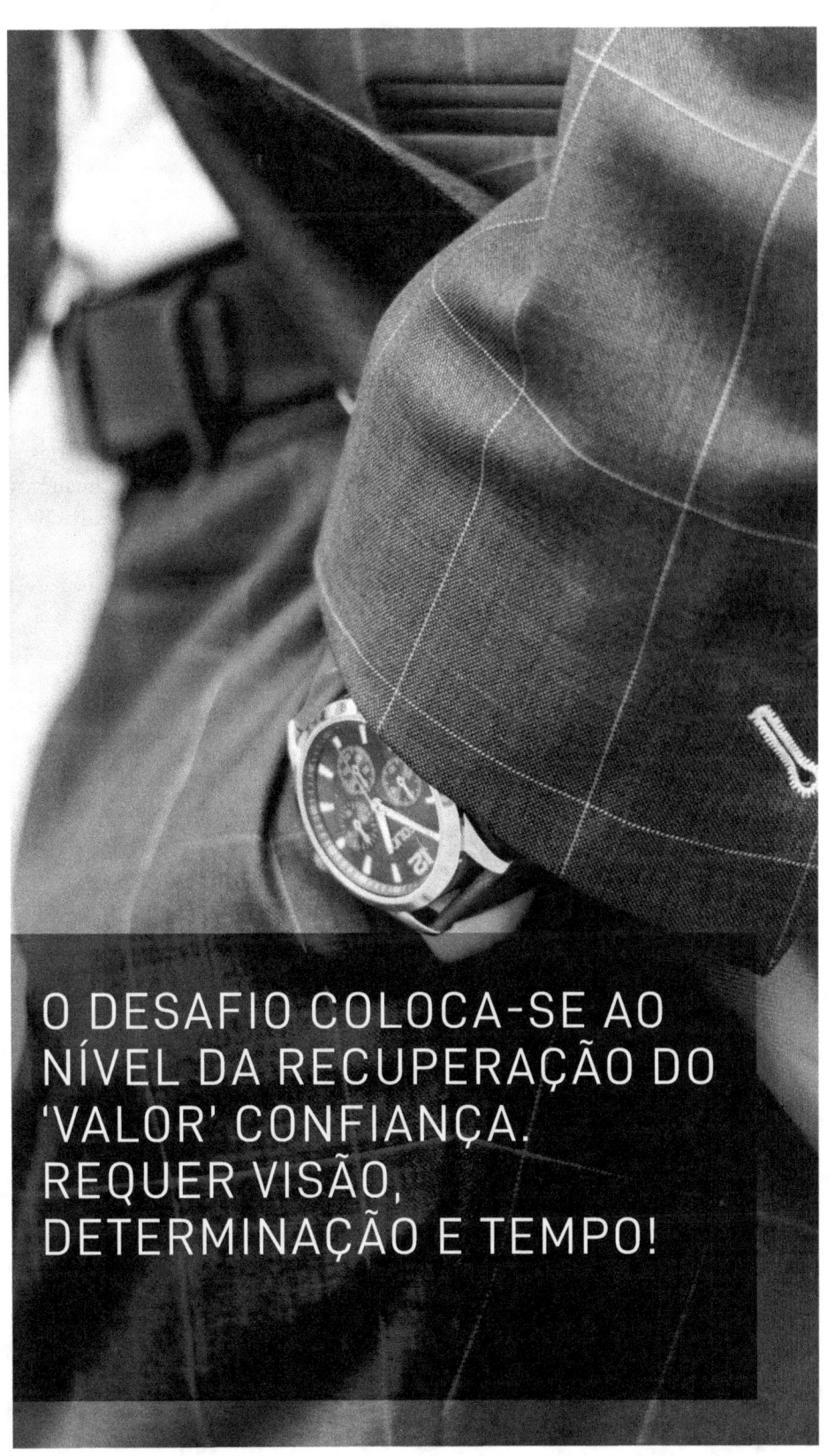

O DESAFIO COLOCA-SE AO NÍVEL DA RECUPERAÇÃO DO 'VALOR' CONFIANÇA. REQUER VISÃO, DETERMINAÇÃO E TEMPO!

QUANTO TEMPO TEM O TEMPO DA REPUTAÇÃO

A reputação corporativa pode ser prejudicada por diversas razões e em qualquer momento. Valores como *confiança, honestidade, respeito, credibilidade* e o *"ser e parecer"* são basilares para o sucesso de qualquer negócio.
Tendencialmente o consumidor confia menos nas empresas do que há uns anos. O desafio coloca-se ao nível da recuperação e conquista do "valor" confiança, tarefa que não é nem fácil, nem imediata. Requer talento, visão e determinação. Requer Tempo!
É imperioso que as empresas tenham consciência da necessidade de reformularem o seu papel na sociedade e que tenham em conta outras variáveis do negócio que estão para além da questão do lucro. A gestão das perceções é uma variável constante.
Imagem e Reputação: estão próximas, de facto, mas são distintas. Imagem é a perceção imediata que temos de alguém ou de uma organização. É uma perceção instantânea, muitas vezes - talvez a maioria - distante da realidade. A Reputação constrói-se ao longo de anos, não é efémera ou inconstante, é uma imagem sólida e não tem que estar necessariamente associada a grande exposição pública|mediática.
Falando de exemplos concretos e tendo por base o pressuposto de que se assume aqui por reputação valores como *confiança, honestidade (intelectual), respeito e competência*, podemos pensar em figuras públicas que marcaram o seu tempo: Agostinho da Silva, Álvaro Cunhal, engenheiro Duarte Pacheco.
Não implicando a concordância das suas ideias - mesmo entre os seus pares - personalidades como Medina Carreira ou António Borges são também exemplos de reputação associados a ousadia, competência, honestidade e respeito. Muitos outros haverá, quer de boa, quer de má gestão da reputação.
No contexto empresarial, uma boa reputação - desenvolvida a partir de uma estratégia|plano consistente - ajuda a criar competências distintivas, a inovar, a posicionar a empresa no mercado, a atrair e reter os melhores talentos|recursos humanos, a criar valor e a fidelizar clientes.
Mas quando a reputação é afetada, pode diminuir o apoio dos acionistas, o desempenho financeiro, a performance dos colaboradores e o *good will* da

comunidade local, ficando em causa a sua própria continuidade no mercado.
A reputação pode ainda ser prejudicada se o consumidor pensar que a empresa não tem um comportamento ético. Muitas vezes, os grandes problemas de reputação resultam de acontecimentos que foram descorados por terem sido tomados como certos. (Como na política, até à contagem dos votos, não há vencedor. E, mesmo havendo, o cenário pode sempre alterar-se). Por exemplo, se uma empresa/instituição produz um produto ou serviço que não é seguro, pode perder clientes e, mais tarde, sofrer problemas financeiros.
Por tudo isto, há cada vez mais empresas a investir na gestão da sua reputação porque sabem que se trata de um "bem" inestimável. Muitos gestores reconhecem que a sua atividade pode ter sido prejudicada por não existir um compromisso social.
Mas apesar de já terem percecionado a importância do valor reputação e respetivos riscos inerentes, algumas empresas ainda continuam a não ter um plano de prevenção. As etapas na fase de construção de uma estratégia passam, por exemplo, por identificar os fatores que contribuem para a crise e desenvolver iniciativas que constituam respostas eficazes envolvendo, naturalmente, os *stakeholders*.
É fundamental identificar riscos (analisar as diferenças entre as perceções dos *stakeholders* e a performance atual da empresa), estabelecer prioridades nos riscos, identificar meios eficazes para os reduzir, ter visão (definir um rumo) e estar atento às mudanças de opinião e expetativas dos *stakeholders*. Em última análise, a gestão do risco é a antecipação de questões estratégicas que pode ajudar a detetar oportunidades e a conquistar o envolvimento dos *stakeholders*.
As empresas que compreendem os riscos da sua reputação e que os gerem de uma forma ativa estão melhor preparadas para proteger as suas marcas. O mesmo se aplica a qualquer outra atividade. A política por exemplo.
Porque o que leva anos a construir pode ser destruído num minuto!

SOL (PRINT) | 16.09.2009

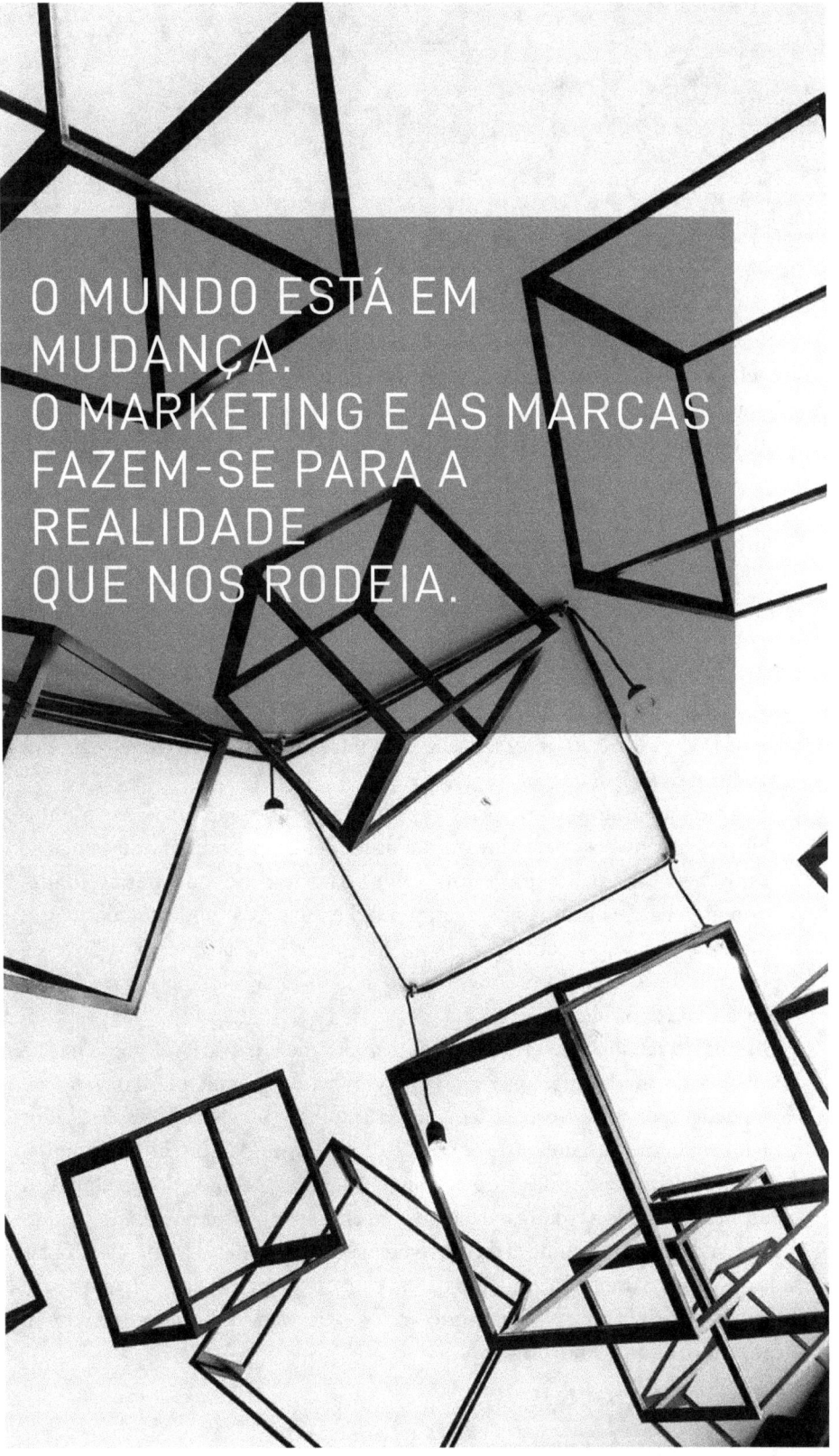

O MUNDO ESTÁ EM MUDANÇA.
O MARKETING E AS MARCAS FAZEM-SE PARA A REALIDADE
QUE NOS RODEIA.

AS MARCAS GLOBAIS NO PÓS-CRISE

Numa altura em que as grandes marcas globais haviam assumido a transição da sociedade de consumo e da comunicação massificada para um novo paradigma, mais tecnológico e centrado no consumidor, eis que a crise internacional voltou a colocar sobre a mesa a reformulação das grandes variáveis do marketing e comunicação.

É verdade que os fatores promoção e distribuição continuam a evoluir no sentido inequívoco da adoção das novas tecnologias, quer para comunicar e reforçar a reputação, quer para gerir os aspetos operacionais e logísticos da atividade empresarial. No entanto, a crise económico-financeira, que agora apresenta os primeiros sinais de resolução, fez agudizar a relevância de duas outras variáveis de marketing que o conforto proporcionado pelo nível de desenvolvimento das sociedades ocidentais nos havia feito esquecer ou, pelo menos, desvalorizar: o preço e a sua relação com a diferenciação dos produtos e serviços.

Com efeito, havíamos já despertado para o impacto económico dos produtos chineses nos nossos mercados, mas a atual perda generalizada de poder de compra fá-los subir para um novo patamar de competitividade. Aparentemente, continuamos a gerir o marketing e a comunicação das nossas empresas de acordo com as variáveis da qualidade, da diferenciação e da personalização, quando o fator preço tem tido uma relevância acrescida na relação com os públicos.

O setor do retalho já estava habituado à relevância da variável preço na sua equação de marketing, mas será a altura de a generalidade das áreas de atividade terem este aspeto em conta. Com a previsível "invasão" dos mercados ocidentais por parte de marcas globais oriundas da China e da Índia, com preços arrasadores e impensáveis para setores como, por exemplo, o automóvel, e com os públicos a colocarem em causa o fator qualidade, devido à perda de poder de compra da classe média, é aconselhável às marcas globais da nossa praça uma reformulação da sua equação de marketing. Isto em nome da competitividade, e não esquecendo, pelo caminho, fatores como a inovação e o empreendedorismo.

INSIGHTS SOBRE COMUNICAÇÃO

É necessário um desempenho eficaz da gestão empresarial porque a mudança pode constituir uma ameaça mas também apresenta desafios. É preciso, cada vez mais, saber liderar num contexto de complexidade, já que a economia condiciona a maioria das opções sociais e políticas.

Há diferenças significativas em comunicar para um mundo que pende para Norte e para Ocidente ou para uma realidade global em que o hemisfério Sul tende a equilibrar os pratos da balança, com o Oriente a arrastar o centro da civilização para mais perto de si. Assistimos a uma concorrência do Oriente cada vez mais forte, incisiva e competitiva, com um mercado interno potencialmente esmagador em dimensão (caso consiga evoluir economicamente e criar uma forte classe média). Esta variável vai ter que conduzir, necessariamente, a alterações das estratégias de comunicação das empresas.

Lamento dizer que o poder político chegou mais depressa a esta conclusão do que o poder económico e financeiro... As grandes empresas e as grandes marcas globais necessitam urgentemente de assimilar esta nova realidade ou tenderão a perder os seus públicos por falta de comunicação adequada e de uma liderança eficaz e inovadora, enquanto as novas marcas dos países emergentes "atacam" esses mesmos públicos com o poder demolidor da variável "preço".

O mundo está em mudança. O marketing e as marcas fazem-se para a realidade que nos rodeia. Quando ela se altera, há que corrigir as variáveis da equação.

MARKETEER (PRINT) | 01.12.2009

O FENÓMENO DAS REDES SOCIAIS REPRESENTA O FIM DA COMUNICAÇÃO SOCIAL DE MASSA EM FAVOR DE UMA INDIVIDUALIZAÇÃO, QUER DA PRODUÇÃO DE INFORMAÇÃO, QUER DA FORMAÇÃO DA OPINIÃO.

A BOLHA DAS REDES SOCIAIS

Já se imaginou num mundo sem publicidade na TV? A comunicar apenas através das redes sociais? E se a forma de comunicar que sempre conheceu der uma volta de 180º? Está preparado para esta mudança de paradigma? Sabe que mensagens veicular, quando, onde e como?

Empresas e entidades em geral começam a prestar atenção ao crescente fenómeno das redes sociais. Umas pretendem aproveitar esta dinâmica para desenvolver ou transferir atividade promocional, outras preocupam-se com o impacto do que lá se diz sobre si próprias. Em todas as situações, a reputação, pessoal ou coletiva, começa a impor-se como tema central das redes sociais.

Atualmente 85% dos profissionais de comunicação na Europa são membros de redes sociais, considerando-as como uma ferramenta muito importante. Na realidade, o investimento publicitário em redes como Facebook, Linkedin ou Twitter tem vindo a aumentar substancialmente. Aliás, segundo um relatório elaborado pelo Internet Advertising Bureau (IAB), este tipo de investimento na internet ultrapassou pela primeira vez os valores de publicidade em Televisão.

Vários estudos nacionais e internacionais apontam para que 2010 seja um ano muito forte no que respeita a websites, redes sociais e vídeos online. É a "nova" realidade incontornável.

No atual contexto económico, palavras como *desafios* e *ajustamentos* entraram na ordem do dia. Também a abordagem dos profissionais de comunicação está a sofrer grandes mudanças. A comunicação, com todas as suas especificidades, está a desempenhar um papel cada vez mais estratégico nas organizações.

Apesar dos grandes cortes no orçamento e redução de quadros, os profissionais Europeus de Relações Públicas continuam optimistas para 2010. Estratégias e

INSIGHTS SOBRE COMUNICAÇÃO

ferramentas de comunicação estão a ser implementadas de acordo com este contexto.

Embora este seja um importante passo para uma comunicação eficaz, a implementação destes métodos por forma a acompanhar as tendências acarreta, no entanto, vários desafios na gestão da comunicação.

Ainda mais difícil será a concretização de um "casamento" feliz entre a estratégia empresarial, a estratégia comunicacional, a evolução digital e a "bolha" das redes sociais.
Torna-se premente uma clara ordenação das prioridades com vista à implementação de estratégias de comunicação eficazes que ajudem a desenvolver novas rotas para o sucesso no complexo e mutável mundo dos negócios, cultura e tecnologia.
Reconstruir a confiança (dos stakeholders), sendo-se autêntico (walk the talk, boa gestão de crise...), são fatores-chave para comunicações eficazes e uma gestão empresarial de sucesso. Porquê? Porque a credibilidade não se decreta, conquista-se, no tempo e com atos. Só assim se constroem relações duradouras com todos os públicos.

O fenómeno das redes sociais e dos blogs representa o fim do paradigma da comunicação social de massa em favor de uma individualização e de uma personalização, quer da produção de informação, quer dos mecanismos de formação da opinião. Os blogs são instrumentos de comunicação de natureza pessoal e as organizações têm vantagem em integrá-los (blogs dos colaboradores) nos seus sites promovendo a coesão e a comunhão de ideias e de estratégias.
As formas de comunicação estão a ser reinventadas; a nova era é a da interatividade, da comunicação direta entre clientes e empresas.
Algumas empresas já perceberam o potencial desta mensagem ao nível do seu negócio e estão a fazer a grande diferença na Internet. *A título de exemplo, já existem padarias que avisam os clientes que o pão acabou de sair do forno.*
Aqueles que melhor e mais rapidamente assumirem esta realidade, promovendo a comunhão de perspetivas entre o interesse comum e cada um dos interesses individuais da sua rede de contactos, capitalizarão em termos de imagem, notoriedade, credibilidade e posição no mercado.

DIÁRIO DE NOTÍCIAS (PRINT) | 30.12.2009

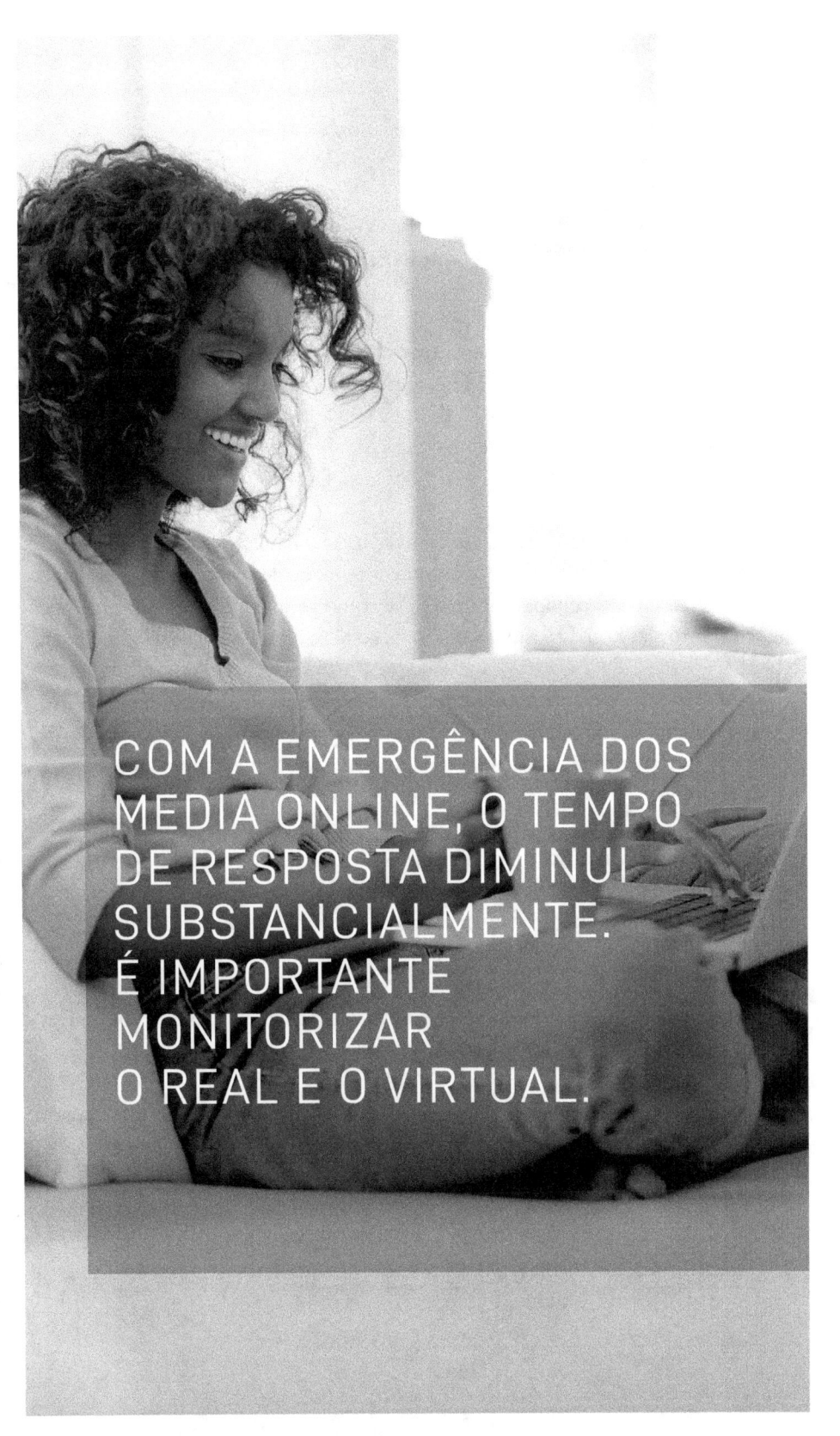

GESTÃO DA REPUTAÇÃO ONLINE: Webgate?

Sabia que as duas palavras mais proferidas em 2009 foram Twitter e Barack Obama? São dados do Global Language Monitor (GLM), responsável por listar as palavras e frases mais populares da língua inglesa. A famosa rede social Twitter superou Obama, distinguido com o titulo da 'Palavra mais popular' em 2008 e que se imortalizou no 3.º lugar das 'Palavras da Década'.

Os denominados *social media* (redes sociais) são o fenómeno atual e a gestão da reputação online algo de incontornável para qualquer empresa. Veja-se o recente caso do Facebook/pilotos TAP e como se soube em primeira-mão do terramoto no Haiti. Dai a importância da gestão e monitorização das perceções.

À medida que os mass media perdem relevância em relação aos media online, os serviços de Web Analytics tendem a ganhar, para os profissionais de comunicação/relações públicas, uma importância semelhante a dos serviços de clipping.

O Web Analytics consiste na medição, recolha, analise e produção de relatórios de dados de navegação e de interação com o objetivo de entender e otimizar o uso dos websites, nomeadamente tendo em conta o uso predominante de motores de busca para procurar e selecionar informação. O Google é, como se sabe, o motor de busca predominante a nível mundial, sendo que a multinacional Google tem como objetivo ou missão empresarial concentrar nos seus serviços toda a informação do mundo.

Esta otimização de websites corresponde ao serviço atualmente conhecido por SEO - Search Engine Optimization, que consiste num conjunto de estratégias para potencializar e melhorar o posicionamento de um website nas páginas de resultados dos motores de busca. O SEO corresponde à adequação entre a oferta e a procura de informação nos media online, da mesma forma que a gestão editorial dos media regula a produção de conteúdos nos mass media.

Tendo em conta a perda de importância dos mass media para os media online (sejam eles websites, blogues, redes sociais, portais ou motores de busca), o ORM - Online Reputation Management corresponderá a consultoria em comunicação destinada à gestão da reputação nestes media online, utilizando também os referidos instrumentos (Web Analytics e SEO).

O ORM incide particularmente sobre os media gerados pelos indivíduos (blogues e redes sociais) cujo conteúdo e suscetível de gerar rumores, boatos, informação duvidosa, indícios ... A chamada blogosfera constitui um elemento privilegiado deste fenómeno.

Tal coma uma notícia negativa num jornal, radio ou TV, agora também um blogger pode destruir a reputação construída ao longo do tempo por uma instituição. Todos pesquisamos nos motores de busca informação sobre marcas antes de adquirir um produto ou aderir a um serviço e, por vezes, encontramos apreciações negativas que podem corresponder a um consumidor revoltado ou, simplesmente, a uma ação de 'sabotagem' por parte da concorrência.

O chamado marketing viral, aproveitado pelas empresas para 'espalhar' mensagens promocionais tem, na realidade, uma outra face, ou seja, é uma 'faca de dois gumes' que só pode ser dominado por uma estratégia de comunicação consistente e atenta.

Com a emergência dos media online, o tempo de resposta das instituições a situações críticas diminuiu substancialmente, inclusive em relação à televisão, uma vez que se torna necessário descobrir os indícios no ciberespaço alem de esperar pelos reports de clipping.

O ORM combina assim o marketing tradicional e as relações públicas com o marketing dos motores de busca, procurando incrementar o nível de reputação dos utilizadores da internet em geral e dos media online em particular.

Duas realidades são hoje importantes monitorizar: a real e a virtual. Lembram-se do 'second life'? Uma metáfora que se pode aplicar ao funcionamento da web. Não se discutem os contributos positivos da 'rede' em termos de abolição de fronteiras e dinamização da comunicação. Mas este fenómeno de massas também impulsionou inúmeras transformações em diversas áreas sociais e mudanças decisivas nos modos de perceção, pensamento e ação no mundo a que denominamos real, alem das modificações nas esferas social, política e económica da vida mundial. O espaço e o tempo são os aspetos que adquirem maior relevância na discussão acerca da influência das novas tecnologias digitais de comunicação nas formas da perceção humana. Os limites entre real e o imaginário, entre o próximo e o distante, tornam-se cada vez menos percetíveis. Estaremos a viver um Webgate?

SOL (PRINT) | 05.03.2010

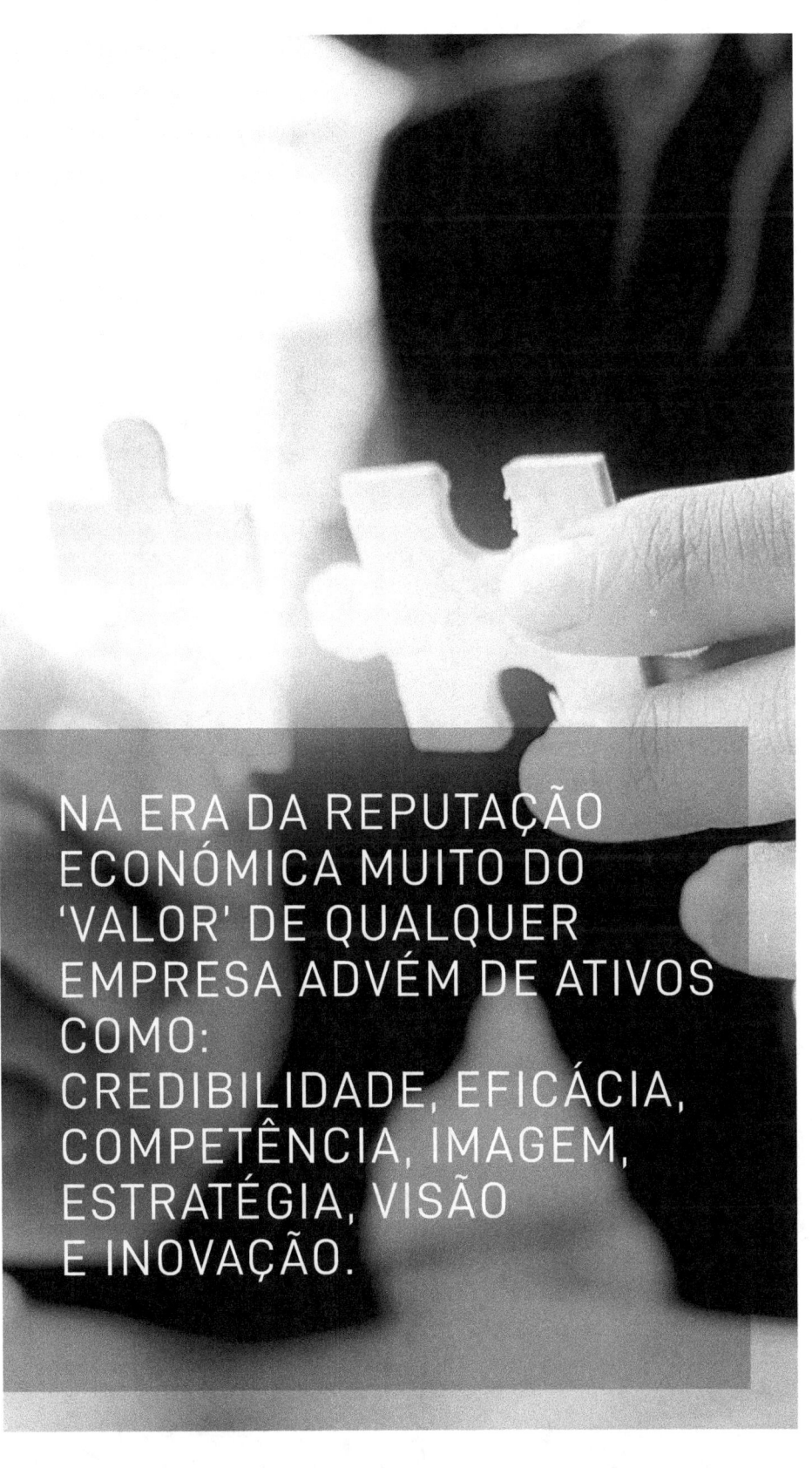

NA ERA DA REPUTAÇÃO ECONÓMICA MUITO DO 'VALOR' DE QUALQUER EMPRESA ADVÉM DE ATIVOS COMO:
CREDIBILIDADE, EFICÁCIA, COMPETÊNCIA, IMAGEM, ESTRATÉGIA, VISÃO E INOVAÇÃO.

REPUTAÇÃO ECONÓMICA: QUANDO AS PERCEÇÕES CONTRARIAM A REALIDADE

Numa altura em que a economia e a política económica se resumem a indicadores de confiança e à reputação que conseguimos projetar no exterior, a comunicação assume mais do que nunca uma importância capital.

Por entre teorias económicas e estratégias políticas, a sabedoria popular acaba por dar razão a quem se preocupa com a comunicação e com a construção, ao longo do tempo, de uma reputação sólida. "*É de confiança*" e "*mais vale prevenir que remediar*" são expressões populares que na atual conjuntura económica ultrapassam qualquer gestão de crise que possamos fazer e que acabam por comprovar as mais-valias de uma estratégia sustentada. Quem se preocupa em solidificar uma reputação de forma continuada sai a ganhar.

Mas há quem aposte na comunicação centrada em aparências e não em factos e, por isso, fica a ideia de que "investir" em comunicação equivale a iludir as pessoas, ocultando o que está à vista de todos. Ora, gerir reputação implica ser consistente, verdadeiro e coerente ao longo do tempo. Só assim se pode transmitir credibilidade e confiança através de uma articulação sólida entre o que se diz e o que se faz!

Vivem-se tempos de grande turbulência, de profundas mudanças e começa a ser lugar comum afirmar que nada será como antes. Impõem-se novas atitudes, novos caminhos para se conseguir chegar à "meta".
No que ao setor da comunicação diz respeito, aplica-se o mesmo princípio; novas abordagens e ferramentas têm que ser aplicadas, num trabalho de parceria com os gestores / clientes/ parceiros de negócio.
No plano empresarial, cabe ao gestor não só fazer uma eficaz gestão financeira mas também definir um posicionamento estratégico que capitalize o ativo imagem do negócio acrescentando valor – credibilidade - à empresa.
Esta é uma aposta que nenhum gestor se pode dar ao luxo de dispensar, pois ser reconhecido pelo mercado (que deixou de ser local para ser global) é, acima de tudo, uma necessidade.

Estamos a falar de gestão de perceções, a qual implica, gestão da confiança, da credibilidade, da notoriedade, de relações duradouras com os *stakeholders*. Os consumidores, por exemplo, são cada vez mais críticos, estão em todo o lado (WEB 2.0) e querem saber mais sobre a empresa por detrás do produto ou serviço. Ao fator *preço* têm que estar associados fatores como *valor e emoção*. (Até os políticos perceberam o poder da internet – novas ferramentas de comunicação - depois do sucesso da estratégia usada por Barack Obama durante as eleições americanas de 2008).

No campo da gestão das perceções, a dinâmica da reputação pode criar ou destruir "valor". E na era da reputação económica muito do "valor" de qualquer empresa advém de ativos como: credibilidade, eficácia/competência da gestão, capital imagem, estratégia corporativa, visão organizativa, capacidade de inovar, com vista a posicionar a empresa no mercado, a atrair e reter os melhores talentos e a fidelizar clientes para conquistar novos mercados.

Estes ativos são indicadores do potencial de crescimento de qualquer organização e constituem competências distintivas na hora de um investidor decidir apostar numa determinada empresa na medida em que a perceciona como credível, integra e de confiança.

A gestão e consultoria estratégica em comunicação, assumem um papel crucial para sobreviver à crise (transformando-a em oportunidade), inspirar confiança (dentro e fora da organização) e conquistar uma perceção positiva no mercado. Mas não basta "parecer", é preciso "ser".

BRIEFING | 22.10.2010

PORTUGAL PRECISA DE PERSONAL TRAINER

O FMI poderia ser - agora - o nutricionista a receitar uma "dieta de desintoxicação" a Portugal. Um género de *personal trainer* que daria as corretas indicações de como deveríamos exercitar os "músculos" inertes, flácidos e preguiçosos de todos os agentes (sem exceção) da sociedade portuguesa. Os tempos que vivemos assim o exigem.

Precisamos, seriamente, de "cair na real", como vulgarmente se diz; entrar num jejum, numa espécie de Ramadão para refletirmos verdadeiramente sobre as nossas prioridades, definir as nossas forças motrizes, reposicionar os nossos princípios e valores, planear a estratégia com visão e criação de "valor" e passar à ação.

É preciso abolir o facilitismo (para já não falarmos em corrupção, em burocracia, em (in)justiça...).

Torna-se, a cada dia que passa, mais imperativo encontrar a oportunidade, a porta de saída para esta crise. Portugal tem de começar a respeitar-se a si próprio para ser respeitado pelos outros. A nossa reputação está em causa, cá dentro (cidadãos e instituições) e lá fora (bancos e organismos internacionais... a atual questão do financiamento, da credibilidade internacional que nos atribuem fruto da nossa situação económica) e não nos podemos esquecer que esses sinais têm que ser dados urgentemente!

Nunca a palavra Confiança foi tão verbalizada e "desejada" como agora!

Alguns comentadores dizem que governar o país é como governar a nossa casa e que quem não consegue governar a sua casa ou a sua empresa não consegue governar o país. Concordo com este princípio e são inúmeros os paralelismos que se podem fazer entre estas realidades, distinguindo o que é comunicação interna e comunicação externa nas duas situações.

Não podemos deixar o país, os cidadãos "abandonarem-se" ao descrédito total. Já diz o provérbio popular: "casa onde não há pão, todos ralham e ninguém tem razão". É, por isso, urgente que haja orientação, indicação de para onde se quer ir, como e porquê. Mas também é importante que se saiba passar a mensagem ao país, com clareza e determinação. Só assim se podem cumprir objetivos! É uma questão de boa gestão de prioridades, objetivos e expectativas.

Só através de uma boa gestão se consegue construir ou reforçar uma boa reputação. Este princípio é válido tanto a nível microeconómico como macroeconómico. Como é que após os "distúrbios alimentares", leia-se, estruturais, dos últimos anos, podemos melhorar o nosso "músculo" económico?!

EXPRESSO (ONLINE) | 03.11.2010

É PRECISO SABER O QUE PREOCUPA O PÚBLICO INTERNO, COMO MOTIVÁ-LO E ENVOLVÊ-LO NA SOLUÇÃO DE UM PROBLEMA, TAL COMO NUMA FAMÍLIA OU NUMA EMPRESA.

COMUNICAÇÃO INTERNA
GOVERNAR CASA, EMPRESA E PAÍS: QUE PARALELISMOS?

A recente crise de credibilidade interna do nosso país relativamente aos mercados financeiros internacionais colocou-nos perante uma questão fundamental comum à comunicação e governação, assim como à gestão de uma forma geral: saber o que é interno e o que é externo, o que faz parte da nossa empresa, do nosso país ou da nossa casa, e o que lhes é exterior, quem faz parte da nossa equipa e quem é simplesmente um parceiro.

Alguns comentadores dizem que governar o país é como governar a nossa casa e que quem não consegue governar a sua casa ou a sua empresa não consegue governar o país. Concordo com este princípio e são inúmeros os paralelismos que se podem fazer entre estas realidades, distinguindo o que é comunicação interna e comunicação externa nas duas situações. Será que um governo deveria assumir a comunicação com os cidadãos do seu país como comunicação interna ou como comunicação externa?

A recente questão do financiamento do país e da credibilidade|reputação internacional que nos atribuem como resultado da nossa situação económica é um exemplo paradigmático deste dilema. Do ponto de vista da comunicação, a instituição que comunica é o país, levantando-se a questão de os cidadãos serem, perante o Governo, público interno, alvos de comunicação interna, ou público externo, tal como as agências financeiras que necessitam de ser convencidas.

Numa família, a boa comunicação entre pais e filhos, os valores que se transmitem e os exemplos que se vivenciam constituem os pilares do futuro – vão formar a personalidade do adulto que hoje ainda é uma criança.

Numa organização, o incentivo aos recursos humanos é um "bem" fundamental para a *performance* financeira porque é um dos grandes "ativos" da organização.

INSIGHTS SOBRE COMUNICAÇÃO

Num país, a confiança e a reputação associadas a quem dirige os destinos da nação é essencial para a boa execução das necessárias reformas conjunturais e estruturais. É preciso saber o que preocupa o público interno – os cidadãos – como falar com ele, como motivá-lo e envolvê-lo na solução do problema, tal como numa família ou numa empresa.

O objetivo deverá ser sempre o do alinhamento e envolvimento (compromisso espontâneo) de todos os públicos em torno de um desafio estratégico a cumprir. É preciso orientação | boa gestão; definir para onde se quer ir, como e porquê. Só assim se podem cumprir objetivos.

Governar a casa ou governar o país exige uma identificação clara dos públicos internos e externos, no sentido de evitar que, no momento em que se comunica para o exterior, a mensagem perca credibilidade por falta de comunhão interna. Isto é válido na relação da nossa família com a sociedade que a envolve, assim como na relação do nosso país com os meios financeiros que nos condicionam.

É fundamental saber quando estamos a comunicar para dentro ou para fora, tal como é fundamental coordenar a governação da casa com a governação do país, sob pena de perdermos reputação, credibilidade e, numa referência direta à atualidade, acesso aos mercados financeiros. Paralelismos? Sim...tudo uma questão de gestão estratégica!

BRIEFING (ONLINE) | 26.11.2010

A REPUTAÇÃO DE UMA MARCA, DEMORA ANOS A SER CONSTRUÍDA, MAS BASTA UMA SUCESSÃO DE ACONTECIMENTOS PARA DEITAR TUDO A PERDER.

A REPUTAÇÃO É RENTÁVEL. A SUA MÁ GESTÃO É CRISE...

Nos últimos anos as empresas (países) têm vindo a preocupar-se cada vez mais com a sua imagem. A Responsabilidade Social Corporativa (RSC) ou Corporate Governance tem assumido um papel cada vez mais relevante na tomada de decisões a par da própria atividade empresarial.

A Responsabilidade Social Corporativa representa apenas uma das variáveis que concorrem para a reputação de uma instituição, definida como a perceção que têm os grupos de interesse da empresa.

Uma empresa (país) necessita de vários elementos para além da responsabilidade social para "gozar" de uma boa reputação, caso de: bons resultados financeiros, oferta comercial / serviços inovadores, bom prestígio/reconhecimento interno e externo.

Quando falamos de prestígio, subentende-se que uma empresa (país) cumpre as expectativas de satisfação de todos os interessados, trabalhadores, clientes, acionistas e sociedade em geral. Também é importante que uma empresa reputada (país) seja um bom local de trabalho para os seus colaboradores porque assim terá uma maior capacidade para fidelizar talentos e atrair novos profissionais (atrair investidores). Deverá prestar um serviço de qualidade aos clientes e alcançar bons resultados tornando-se numa empresa mais rentável.

Nos últimos anos têm proliferado os 'sistemas' de medição da reputação, ferramentas que permitem demonstrar como as perceções positivas dos grupos de interesse impactam os resultados das empresas; se dentro de uma empresa se percebe que a reputação tem influência nos resultados do negócio podem ser elaboradas/definidas estratégias que ajudem à imagem dessa mesma empresa. Mas se é algo "decorativo" que não está vinculado ao negócio da empresa desaparecerá em qualquer momento de reestruturação empresarial ou durante uma crise.

Um dos aspetos mais importantes para melhorar o prestígio/reputação de uma empresa (país) junto dos seus stakeholders consiste em distinguir a realidade da empresa (país) da perceção dessa mesma realidade.

Veja-se a reputação de um país, exemplo de Portugal, que surgiu no 19º lugar no ranking do Reputation Institute - índice que avalia a perceção que os cidadãos têm de um conjunto de países com base em critérios como ambiente, estrutura governativa ou o avanço económico do país.

A beleza natural, a cultura e o entretenimento são os aspetos mais valorizados no nosso País. Por outro lado, os que nos colocam numa posição inferior são os relacionados com o avanço económico, as marcas e a qualidade de produtos e serviços.

Situações como o impasse da viabilização do Orçamento, a falta de entendimento na classe política, também afetam a reputação externa do país; por sua vez, a comunicação dos políticos portugueses nos media internacionais surge, por vezes, associada a uma imagem negativa.

A reputação de um país tem efeitos numa série de áreas importantes, como sabemos. Apenas alguns exemplos: atração de investimento estrangeiro, diplomacia política e económica, exportações, atração de turismo...

A reputação de uma marca, pessoa ou país demora anos a ser construída mas basta uma sucessão de acontecimentos mal geridos para deitar tudo a perder.

Uma boa gestão da realidade e da comunicação contribui para uma boa reputação, logo para empresas ou países mais rentáveis! Será que Portugal será capaz de entender o óbvio?

EXPRESSO (ONLINE) | 07.04.2011

INSPIRAR CONFIANÇA, RESPIRAR REPUTAÇÃO - Gerir a Crise

Na atual conjuntura, os Estados preocupam-se em sair o melhor possível na fotografia e evitar a condenação das agências de rating, para conseguirem capital acessível e, assim, saírem da crise.

Por entre teorias económicas e estratégias políticas, a sabedoria popular acaba por dar razão a quem se preocupa com a comunicação e com a construção, ao longo do tempo, de uma reputação sólida.

É de confiança e mais vale prevenir que remediar são expressões populares que na atual conjuntura económica ultrapassam qualquer gestão de crise que possamos fazer e que acabam por comprovar as vantagens/mais-valias da comunicação sustentada. Quem se preocupa em solidificar uma reputação de forma continuada sai a ganhar.

Ter fama ou reputação de bom pagador é, atualmente, o bem mais precioso de cada país.

Mas não é suficiente ser bom pagador, é preciso que se saiba. É indispensável saber comunicar com os *stakeholders*.

Só através de uma boa gestão se consegue construir ou reforçar uma boa reputação. Este princípio é válido perante as agências de rating e os bancos internacionais, tanto a nível microeconómico como macroeconómico.

Nunca a palavra confiança foi tão verbalizada e desejada como agora! Se a aplicarmos ao plano empresarial, uma boa reputação ajuda a conquistar a confiança do mercado e a criar relações duradouras com públicos-alvo, na medida em que o bem reputação é o maior ativo de qualquer negócio, tão importante quanto a performance financeira. Mas será assim tão evidente este pressuposto?

Qualquer gestor deverá saber fazer gestão financeira, saber como, quando e onde investir. A questão está em saber investir bem. O posicionamento estratégico de uma empresa é o ADN de qualquer negócio. Nesta medida, a comunicação estratégica assume-se como um instrumento crítico na atual gestão dos negócios, uma vez que acrescenta valor à imagem da empresa.

Como valor entendo aqui a credibilidade e a notoriedade, elementos distintivos e de potencial competitivo que podem fazer toda a diferença no reforço do negócio tendo em conta os desafios (complexidade, incerteza, competitividade, dinâmica) do mundo moderno. Fazer esta aposta é saber gerir a imagem do negócio (proteger a marca). No ciclo que atravessamos esta é uma aposta que nenhum gestor se pode dar ao luxo de dispensar na medida em que ser reconhecido pelo mercado é, acima de tudo, uma necessidade!

Estamos no campo da gestão das perceções da esfera pública, logo conflituosa. E quando se fala tanto na (falta de) competitividade do nosso tecido empresarial, cabe aos gestores terem uma visão estratégica do seu negócio e conseguirem identificar e assumir as suas necessidades/fraquezas para poderem incorporar valor… conseguirem gerir ciclos de incerteza e investirem a pensar no futuro.

No atual contexto económico a gestão estratégica da imagem, a aposta em comunicação, corresponde ao bom acompanhamento do negócio. Além de legítima, é uma aposta mais necessária que nunca – para conseguir sobreviver à crise (transformando-a em oportunidade), inspirar confiança (dentro e fora da organização) e conquistar uma boa perceção no mercado!

APCE (ONLINE) | 21.06.2011

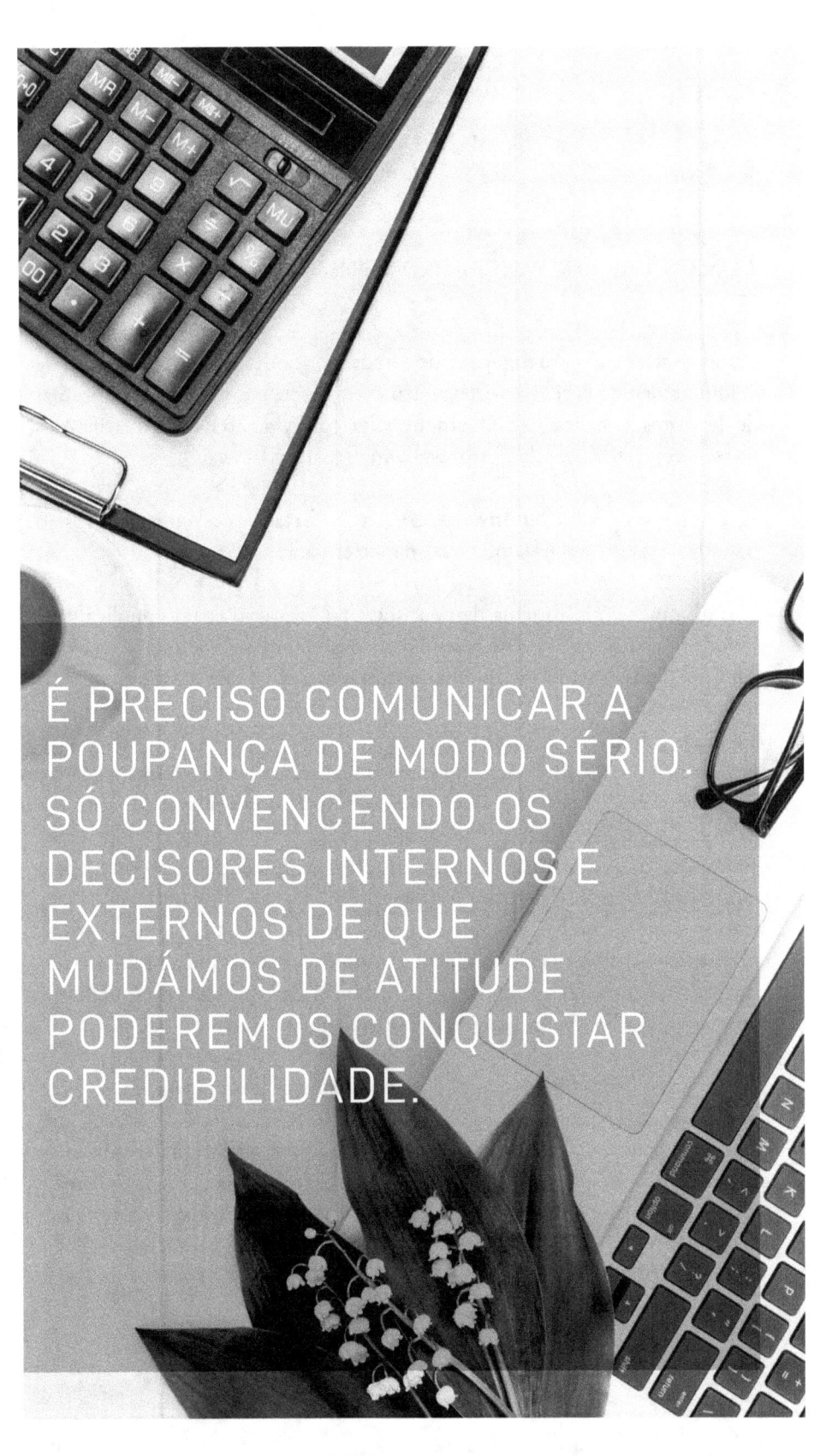

COMUNICAR POUPANÇA: da credibilidade ao crédito

Com a crise, os portugueses apostam na poupança. Interiorizou-se definitivamente a necessidade de poupar e têm vindo a aumentar o volume total de depósitos na banca. O dinheiro investido na dívida do Estado (certificados do tesouro, certificados de aforro) está a 'fugir' para os bancos.

As empresas, públicas ou privadas, estão a ser forçadas a assumir uma gestão baseada na poupança, na contenção e na austeridade.

Nos últimos tempos o tema da poupança, tanto privada como pública, tem inundado os discursos politico-públicos. Mas é fundamental que tal coexista com uma aposta na formação dos consumidores de modo a promover a sua literacia financeira.

Não basta poupar, é preciso comunicar a poupança de modo sério, pedagógico. Só convencendo os decisores internos e externos de que mudámos de atitude e de que não gastamos mais do que temos, que estamos a cumprir, poderemos conquistar a credibilidade e, assim, o crédito (financeiro ou outro) para diminuir a dependência externa e sair da crise.
Isto funciona para o país, tal como para as empresas e para cada um de nós. É urgente dar a conhecer, comunicando, a comprovação dessa poupança. Seria um sinal de confiança, de credibilidade e de influência junto dos agentes económicos. Porque ter uma boa reputação ajuda a motivar públicos internos e externos.

Neste cenário, a variável "tempo" é crucial. Estamos num novo começo e (há quem diga que) o pior ainda está para vir. Veja-se a Grécia, a crise na Zona Euro e o possível efeito contágio a Portugal. Ninguém pode ficar de braços cruzados; urge desenhar um plano de ação, colocá-lo em prática e agir atempadamente de forma condizente com os novos tempos. Como? De forma estruturada e sistemática com todos os públicos para criar perceções positivas. As empresas precisam de conquistar confiança para reforçarem o seu negócio, saber "contar" a sua história, explicando e demonstrando as suas valências e vantagens competitivas. Transmitir credibilidade para receber confiança é, cada vez mais, o mote transversal dado o atual contexto económico.

Com estes sinais (reais) no horizonte, a comunicação estratégica assume-se como um instrumento crítico na atual gestão dos negócios, uma vez que acrescenta "valor" à imagem da empresa e ajuda a criar as condições para o negócio crescer ao mesmo tempo que previne eventuais situações de crise.

Este é o desafio que o tecido empresarial tem pela frente. Comunicar, Comunicar, Comunicar... tendo por base uma gestão financeira racional.

Esta atitude, a aposta na comunicação, é algo a que os gestores não se podem, hoje, dar ao luxo de dispensar na medida em que ser reconhecido pelo mercado é uma Necessidade!

Portanto, aposte num *valor real e lucrativo*; aplique no recurso *comunicação* por forma a obter retorno no seu "capital" imagem.

SOL (PRINT) | 08.2011

UMA REPUTAÇÃO 'RESPEITÁVEL' CORRESPONDE A UMA IMAGEM PÚBLICA POSITIVA, DELIBERADA OU ALEATORIAMENTE CONSTRUÍDA.

O ERRO NUNCA MORRE

Os erros nunca se apagam, todos os factos são verificáveis mais tarde ou mais cedo, por uma ou outra metodologia. A questão está em definir o que é erro. Se escondemos é erro. Se assumimos, não é. O que não invalida que a opinião publica possa achar que é inaceitável... Já vimos políticos a assumir situações de toxicodependência, por exemplo, com consequências e perceções diversas, e até positivas algumas, por parte da opinião pública.

Se formos publicamente conservadores e devassos na vida privada, não há convergência entre dizer e fazer, pelo que a comunicação se torna difusa, tal como a própria imagem pública. (Vários exemplos existem, mas o mais recente e mediático é o do antigo responsável do FMI, Strauss-Khan).

É importante não esquecer que depois de um escândalo é sempre possível recomeçar, embora demore muito, muito mais tempo... A reputação constrói-se paulatina e consistentemente e não se limpa. A história não se apaga, mas constrói-se.

Ser politicamente correto é relativo e todos podemos influenciar a definição do que é ser politicamente correto. Mas, claro, para isso é preciso comunicar, interagir, formar e fazer formar opinião, e não nos limitarmos a assumir imagens publicas pré-definidas.

A imagem pública de qualquer entidade pode ser positiva ou negativa e construída intencionalmente ou adquirida aleatoriamente em função das ações desenvolvidas e percetíveis por parte dos seus públicos e da opinião publica em geral. Uma reputação "respeitável" corresponde a uma imagem pública positiva, deliberada ou aleatoriamente construída. Para construir uma imagem pública positiva é necessário considerar dois termos: o que se diz e o que se faz. Estes podem ser convergentes, divergentes ou casuais. Em todo o caso, a imagem publica constrói-se através da comunicação e esta não é apenas o que se diz, mas também o que se faz. Há quem faça muito, sem nunca o dizer, não comunicando e correndo o risco de as ações não serem suficientes para construir a imagem. Mas também há quem comunique muito e faça pouco, ou faça algo que possa divergir das ações, eliminando a assertividade da comunicação.

No espaço público, é possível ser conhecido, reconhecido e respeitado, à medida que caminhamos da mera identificação pública, para uma reputação positiva e para um estatuto de referência.

APCE (PRINT) | 06.2012

FALTA OUSAR! NOS MÉTODOS, NA FORMA COMO NOS PROJETAMOS, COMO NOS COMUNICAMOS, COMO ENVOLVEMOS A SOCIEDADE CIVIL.

RECONSTRUIR A REPUTAÇÃO NACIONAL
PARA REGRESSAR AOS MERCADOS

"Como criar uma reputação forte para locais, cidades ou Estados, aportando-lhes valor competitivo, logo, negocial? Em primeiro lugar, há que definir o rumo estratégico a seguir de acordo com, por exemplo, a situação do país e identificar com precisão as mensagens chave que cumprem os objetivos de uma imagem distintiva.

Depois, a promoção de talentos formados no exterior poderá funcionar como um movimento de endorsement dessas mesmas mensagens e ajudar a reforçar a imagem do país, acrescentando-lhe não apenas visibilidade, como credibilidade e, logo, valor.

No atual contexto e no caminho para o regresso aos mercados financeiros, o problema coloca-se quando a imagem que existe lá fora está ultrapassada em relação à realidade do país, associada por vezes a clichés, embora alguns não deixem de ser (ainda) verdadeiros...

Onde estão as nossas aspirações? Como vamos afirmar-nos como um país que quer apostar na inovação, na investigação, na formação de quadros, credível, com capacidade para atrair investimento estrangeiro, com estabilidade política, com riqueza cultural? Como valorizamos o nosso calçado, design, vinho e tecnologia (para dar alguns exemplos) e como se associam estes produtos a qualidade e à marca Portugal? Como podemos ser competitivos lá fora?

A ideia central, isto é, a estratégia a desenvolver, deverá passar pela implementação de planos de ação concretos em três frentes chave: social, política e económica. Só com criatividade, inovação e talento se conseguirá sair da ideia construída sobre este país na cauda da Europa.

Falta ousar! Ousar nos métodos, na forma como nos projetamos, como nos comunicamos, como envolvemos a sociedade civil.

INSIGHTS SOBRE COMUNICAÇÃO

Tudo isto não se consegue num dia. É uma longa caminhada que implica envolver todos os stakeholders e cativá-los para uma causa comum que é de todos. Já vai sendo tempo de pensar naquilo que podemos e devemos (por obrigação moral) proporcionar às futuras gerações deste país, criando valor cá dentro e lá fora porque a economia global (e competitiva) não perdoa e as nações estarão em constante competição. Não bastará, por isso, ter produtos e serviços muito bons se ninguém os conhecer e lhes der crédito. Os valores intangíveis ganham cada vez mais importância. É também o caso da imagem de um País.

Na atual conjuntura, os atores económicos e do Estado são chamados a implementar novas estratégias, comportamentos e ações, dando assim um sinal de confiança aos portugueses que, apesar de já terem tido muitos ataques de nervos, poderão vir a "colapsar". O cerne da questão está em conseguir um equilíbrio entre a consolidação orçamental e a estabilidade/coesão social.

Se queremos, de facto, "regressar aos mercados", conforme o memorando da troika prevê, o governo pretende e a Europa espera, impõe-se celeridade na reconstrução da boa reputação de Portugal.

O FENÓMENO DAS REDES SOCIAIS VEIO ALTERAR A FORMA DE CONSTRUIR CONTEÚDOS E, CONSEQUENTEMENTE, OS MECANISMOS DE FORMAÇÃO DE OPINIÃO.

COMO VAI A GESTÃO DA COMUNICAÇÃO

A palavra de ordem é redes sociais. Será que estamos a chegar a uma fase de saturação? Ou de confusão?
As empresas apostam nas redes sociais, em detrimento de outras ferramentas, porque se trata de uma opção com menos encargos, numa altura em que a disponibilidade financeira é reduzida. Mas o mundo das redes sociais vai mais além do que ter muitos likes e interagir com muita gente.
Ao nível dos conteúdos, deveria haver pressupostos de comunicação mas muitas vezes a intervenção da comunicação é mínima e os resultados não são os pretendidos, até são negativos. As empresas entregam-se às análises técnicas (*Search Engine Optimization*) ou seja, à optimização em termos informáticos, sem contratar profissionais de comunicação que saibam interpretar os dados à luz das opções estratégicas do negócio produzindo conteúdos adequados. Além de conquistar seguidores e provocar o seu *engagement*, é preciso estar atento a tudo o que é publicado nas redes sociais.

É dentro deste novo contexto que cada profissional da comunicação se tem de concentrar. Mas o que parece ser mais fácil e ágil pode torna-se problemático. Porque estamos a entrar numa zona complexa, desafiante e com volumes de informação abissais, que quando transmitidos a outros targets, terão de ser muito mais cuidados, estratégicos, essenciais e sobretudo comunicados no momento certo. Só assim se poderão destacar dos demais. Ainda esta proximidade e instantaneidade poderão melhorar ou não a relação entre agência/consultor e os jornalistas. Hoje em dia estamos à distância de uma conversa de chat, ou mesmo de um twitt, o que por um lado dá a possibilidade de transmitir uma história exclusiva no imediato, mas se esta informação não for oportuna, tornar-se num foco de desconcentração ou de perda de tempo. Daí ser fundamental a objetividade, a estratégia e o interesse da mensagem. Só assim será possível gerir um relacionamento positivo, longo e de confiança com as redações.
De volta às redes sociais, este é um trabalho sério, que deve ser encarado como mais uma plataforma de comunicação e que vai muito além do simples upload

de posts. É um canal que implica pensamento estratégico de comunicação, alinhando posicionamento e mensagens que uma empresa pretenda divulgar ao mercado. A definição da estratégia de comunicação é um processo que deve envolver o departamento de comunicação da empresa, agência (consultoria em comunicação), a visão corporativa, e o próprio perfil base da marca. É, portanto, fundamental criar um modelo que assegure o devido apoio a quem comunica com a empresa, assumindo ao customer support uma dimensão de responsabilidade muito mais exigente. Terão de ser garantidos feedbacks imediatos e objetivos, criados mecanismos de identificação e exploração de oportunidades de mercado, desenvolvidas mecânicas para incremento de audiências, no intuito de se assegurar a manutenção da boa relação entre consumidor e marca.

Em suma, muito mais que colocar posts, colecionar likes e conquistar seguidores, é preciso gerar *engagement*, e estar muito atento a tudo o que é publicado. Ter um manual de procedimentos para evitar respostas mal elaboradas a clientes, evitando prejudicar a marca em proporções inimagináveis que possam despoletar situações de crise. Para evitar qualquer problema do tipo, é preciso conhecer o público-alvo, os objetivos da página, a periodicidade entre posts, entre outras questões.

Este novo paradigma leva-me a colocar algumas questões. A comunicação deve ser baseada nas redes sociais? Fazendo-o, será que será positiva? Estarão as empresas preparadas para este novo paradigma? Será que a informação a veicular deverá ir num formato tradicional? Quando, onde e como se deve passar a informação?
Para responder a estas questões considero fundamental o papel das relações públicas. Não basta às empresas terem boas plataformas online.Para preservar um bom posicionamento, as empresas vão ter de investir em profissionais especializados para administrarem a sua reputação online. Profissionais com visão estratégica, cientes das temáticas que envolvem comunicação e tecnologia.

O fenómeno das redes sociais veio alterar a forma de construir conteúdos e, consequentemente, os mecanismos de formação de opinião.

Por isso, os desafios que se colocam a todos os profissionais nesta nova era da tão falada quarta revolução industrial passarão por ter novos *skills*: pensamento estratégico, capacidade de resolução de problemas complexos, criatividade, muito talento e capacidade para inovar.

A tecnologia ajuda mas o consultor de comunicação continua a ser uma "ferramenta" chave do processo.

OJE | 23.05.2016

WTF – What The Fake

Política, *fake news* e marketing viral. A tomada de consciência sobre os malefícios sociais e políticos da profusão das chamadas "fake news" tem vindo a aumentar... o que é bom. (vejam-se, por exemplo, as mensagens anti-refugiados, antigeringonça, corrupção ou racismo) Todavia, não posso deixar de me indignar com o facto de as pessoas que questionam este fenómeno serem essencialmente as mesmas que enaltecem e se fascinam com os supostos benefícios de conceitos como o "marketing viral", sem perceberem que, na sua génese, se trata de algo muito semelhante.
Com efeito, ambos os fenómenos resultam de um processo de transmissão de conteúdos, os quais tanto podem ser informação quanto desinformação, de acordo com critérios que sobrepõem a importância dos números de contactos efectuados à veracidade dos conteúdos, ou sequer à consciência do que se está a transmitir. Aliás, o conceito "viral" está naturalmente associado à forma como se disseminam os vírus, ou seja, sem consciência do que se trata por parte dos hospedeiros e independentemente da sua própria vontade. É o algoritmo o causador do problema?
A comunicação social tradicional, leia-se jornalismo, também é massificada, ou seja, também pretende atingir o máximo de leitores, ouvintes ou telespectadores. No entanto, possui mecanismos de verificação da informação, cruzamento de fontes, regras e procedimentos de conduta profissional, que separam o verdadeiro do falso, restando apenas questionar pontualmente a qualidade e a honestidade dos profissionais, o cumprimento das regras de ética e a linha editorial. Pelo contrário, nas redes sociais, está tudo por verificar, principalmente o verdadeiro e o "fake".
As redes sociais (que uma parte significativa dos cidadãos adoptou como fonte de informação, substituindo jornais, rádio e mesmo televisão), para além dos motores de busca de conteúdo de supostas notícias e as aplicações informáticas para o mesmo efeito, visam obviamente a publicidade, tal com um jornal, uma rádio ou uma estação de televisão. Mas essa publicidade não está separada da informação, tal como acontece na comunicação social, nem existem mecanismos para distingui-la, até porque a valorização das redes sociais (em

bolsa, por exemplo) vem da partilha, da produção de conteúdos e da sua disseminação "viral", e o escrutínio dos mesmos só viria complicar essa valorização...

Criticamos o sensacionalismo na comunicação mas aceitamo-lo de braços abertos nas redes sociais. Partilhamos sem saber se é verdade ou quem disse. Ou seja, a informação transformou-se em boato. Um conteúdo partilhado por um grande número de pessoas será certamente verdade, e passou a ser este o critério de produção de informação. Tudo isto representa um retrocesso brutal em relação à crença de que o acesso à internet permitiria finalmente uma sociedade baseada numa comunicação mais eficaz, combatendo a info-exclusão e a falta de informação. Temo que estejamos no caminho inverso.

Imaginemos o que seria ler um jornal em que uma determinada marca comercial pudesse escrever uma notícia, gráfica e editorialmente semelhante a todas as outras, a dizer que se teria descoberto que o seu produto seria afinal o melhor de todos... Ou que qualquer pessoa pudesse colocar na abertura do telejornal uma notícia construída por si próprio, sem que a pudéssemos distinguir das restantes. Pois é isto que temos actualmente nas redes sociais, para um número crescente de pessoas, com as óbvias implicações em termos da formação da opinião pública, especialmente em períodos eleitorais. Como para bom entendedor meia palavra basta, é fácil perceber porque é que os benefícios das "fake news" têm vindo a ser associados a forças mais extremistas, digamos que com mais reservas em relação à democracia, e ao sistema que, com todos os defeitos que lhes possamos apontar, suporta a produção de informação escrutinada, ou seja, o que conhecemos como "comunicação social", onde temos o contraditório.

DINHEIRO VIVO (ONLINE) | 13.10.2019

COMUNICAR NUM FUTURO PÓS-PANDÉMICO?
OS FORMATOS ESTÃO TODOS CÁ... DEZENAS DE OPÇÕES PARA MANTER A AUTOESTRADA DA COMUNICAÇÃO EM TRÂNSITO CONSTANTE.

MARCAS DO NOVO PARADIGMA

"A tribe is a group of people connected to one another, connected to a leader, and connected to an idea. For millions of years, human beings have been part of one tribe or another. A group needs only two things to be a tribe: a shared interest and a way to communicate."

Seth Godin, Tribes: We Need You to Lead Us

O que o confinamento responsável, ou o isolamento preventivo, ou mesmo a quarentena obrigatória nunca vai impedir é que nós humanos deixemos de comunicar. Seja em trabalho ou lazer, com objetivo de passar informação ou ganhar conhecimento, vão sempre haver formas e motivos para passar e receber mensagens. Como será a forma de comunicar num futuro pós-pandémico? Honestamente, não sei responder a esta questão mas acredito que não deverá estar muito longe daquilo que fazemos hoje em dia. Os formatos estão todos cá, mais ou menos vulgares, temos dezenas de opções para manter esta autoestrada da comunicação, seja ela falada, escrita, ouvida, ou vista, em trânsito constante. O que penso que já estar a acontecer é um aumento qualitativo e produtivo nas ações de comunicação que fazemos no nosso dia a dia, seja a trabalhar, ou a socializar. O tempo que temos é curto, mas o facto de não nos deslocarmos e de estarmos sempre no mesmo sítio permite-nos esticá-lo um pouco, como um elástico usado, que alarga sempre mais uns centímetros. Em casa, conseguimos estar com os filhos mais tempo do que numa situação de saúde pública controlada, permite-nos ouvi-los a sério com atenção redobrada. Quando telefonamos para os nossos pais, a conversa é mais longa do que o habitual, porque no imediato não vamos ter ninguém por perto, há privacidade e podemos falar com maior cuidado. Há naturalmente uma proximidade distante, que tem como base uma comunicação que assenta em objetivos e interesses comuns.

Com o trabalho é igual, cada tarefa é feita com maior celeridade, porque não há distrações, a produtividade é muito maior, mais efetiva, as comunicações são objetivas. Hoje, ainda é muito cedo para pensar ou saber como é que esta pandemia vai influenciar a comunicação, mas tendo em conta que o futuro é daqui a um segundo, acredito que terá de haver um esforço maior na comunicação externa, que aumente o envolvimento com os nossos parceiros, clientes e colegas de equipa. É fundamental manter a proximidade com os nossos stakeholders, para manter o fluxo de trabalho o mais próximo possível do normal, garantido assim o envolvimento de todos. Continuar a passar mensagens positivas, inovadoras, que mostrem vitalidade e preocupação com a empresa e comunidade onde se insere. As marcas, fundamentalmente as globais, vão ter de assegurar comunicações consistentes e oportunas, não apenas localmente, mas globalmente, para garantir que os seus stakeholders, tenham toda a informação para se sentirem seguros.

Num momento de crise, como o que vivemos, a comunicação tradicional, nos formatos mais conservadores deverá ir ao encontro do problema e não fugir dele. Se pretendemos manter a comunicação produtiva, devemos continuar a trabalhar com coragem, mesmo que seja remotamente num escritório improvisado na sala de estar, no meio de crianças, TV, música e barulho. Como diz o ditado, "parar é morrer", e há que continuar a comunicar de forma clara, consistente e coerente, passar mensagens positivas e de esperança.

Felizmente, vivemos numa época rica em termos de formatos de comunicação, o que me permite acreditar num futuro risonho nesta área. Hoje temos uma coisa ótima chamada de social media, que se bem utilizada e com fontes sérias e fidedignas, é uma nascente indispensável de informação. As redes sociais têm um poder sem limites, um crescimento sem fim, e estão atualmente a atingir uma maturidade muito interessante. A Comunicação online está cada vez melhor, continua a haver alguma desinformação e muitas notícias falsas, mas nós, os consumidores e comunicadores, estamos cada vez melhores a perceber se uma notícia é mentira ou não, a verificar factos e a avaliar a seriedade de uma fonte. Neste momento, as redes sociais estão a fazer um trabalho fundamental à saúde da comunicação, já que plataformas como Twitter, Facebook e Instagram, trabalham ativamente no sentido de garantir que apenas as notícias verdadeiras ganhem prioridade e dimensão global. Mesmo sabendo que nenhum algoritmo de filtragem de notícias seja perfeito, as redes sociais estão a melhorar, a aumentar e a acelerar o acesso e a difusão da informação.

INSIGHTS SOBRE COMUNICAÇÃO

Voltando à citação com que comecei este texto, para comunicar basta haver pessoas e um interesse comum, talvez se deva acrescentar entusiasmo, vontade de comunicar e seriedade, seja na fonte, ou na pessoa que passa a mensagem. Não acho que nos tenhamos de preocupar em que formato é que vamos comunicar amanhã, devemos sim tentar ser cada vez melhores comunicadores e passar informação de qualidade, com base em factos reais, com fontes seguras e verificadas.

IMAGENS DE MARCA (ONLINE) | 01.04.2020

É SEMPRE EM ÉPOCAS DE CRISE, QUE AS GRANDES REVOLUÇÕES ACONTECEM EM VÁRIOS DOMÍNIOS.
O TELETRABALHO ESTÁ A PROVAR QUE PODE FUNCIONAR E COM QUALIDADE.

O TELETRABALHO VEIO PARA FICAR?

Vai originar novos formatos de marketing e comunicação, assim como novos processos, técnicas e meios de recolha, tratamento e divulgação da informação, com uma nova aproximação ao cliente, seguidor, parceiro e fornecedor.

"... Remote work isn't a privilege or a special accommodation. It's a way of working, and that's a strong statement for some people. It shouldn't be a question of rewarding top performers with the ability to work remotely." Nickie Bellington, Atlassian

É sempre em épocas de crise, de "guerra", que as grandes revoluções acontecem a todos os níveis e em vários domínios. No momento atual, empresas e pessoas reinventam-se, superam-se. Até muito recentemente a esmagadora maioria das empresas não via qualquer vantagem no teletrabalho, chegando a não o considerar, com medo de quebra de produtividade, isolamento dos colaboradores, falta de interesse, apatia ou displicência. Mas o paradigma está a mudar, infelizmente pelas piores razões: pandemia Covid-19. Com o distanciamento social e as quarentenas obrigatórias, o teletrabalho está a provar que pode funcionar e com qualidade. Algumas pesquisas internacionais demonstram mesmo que trabalhar remotamente ou virtualmente pode gerar melhorias de produtividade com valores a chegar até aos 43%. O teletrabalho ou trabalho remoto, pode ser definido como uma forma de trabalhar à distância, deriva do termo inglês telecommuting e assenta num novo paradigma, onde o trabalho vai ao encontro do trabalhador. Tem a grande vantagem de poder ser realizado em qualquer ambiente. É realizado por intermédio de infraestruturas de telecomunicações, tecnologias de informação e de comunicação. Proporciona flexibilidade na organização do trabalho e permite uma melhoria económica e de produtividade do trabalho, uma vez que há uma redução de encargos financeiros, de esforços, de energia, de recursos, de tempos. Para além do teletrabalho, o reskilling é outra grande tendência que a Covid-19 nos está a obrigar a seguir, alterando a forma como trabalhamos e aprendemos. Ainda não podemos ou conseguimos controlar o que acontece no nosso universo, mundo, país ou cidade, por isso a única maneira que temos para evoluir e/ou avançar é através da adaptação e, se possível, inovação. Neste sentido, a forma mais rápida de nos ajustarmos será redobrar a atenção à mudança e reformular rapidamente a nossa forma de estar perante cada problema que possa surgir, daí a importância deste reskilling. No meio de tanta novidade e incerteza gerada pela pandemia, a melhor forma de agir terá como base a atualização e enriquecimento das nossas competências digitais e da nossa força de trabalho. Em 2017 indicadores da Fundação Europeia para a Melhoria das Condições de Vida e de Trabalho (Eurofound) colocavam Portugal na cauda da Europa, com apenas 11% dos profissionais em trabalho remoto, e desses, apenas 2% o faziam a título permanente. A mudança está a acontecer, e o ensino é um caso paradigmático. Segundo o jornal Público, "dados recentemente (12 de março) partilhados pelo Ministério da Ciência, Tecnologia e Ensino Superior, mostram uma adesão sem precedentes ao regime de ensino à distância Colibri. A utilização da plataforma sofreu um crescimento de 2800%, passando a ser experimentada por mais 56.500 pessoas do que o habitual, sendo que o número normal de utilizadores diários do Colibri ronda os 1990. E, em vez das típicas 210 reuniões diárias, realizaram-se mais de 3.574". Nas palavras de Richard Branson, fundador e chairman da Virgin, "We like to give people the freedom to work where they want, safe in the knowledge that they have the drive and expertise to perform excellently, whether they [are] at their desk or in their kitchen. Yours truly has never worked out of an office, and never will. To successfully work with other people, you have to trust each other." Esta citação pode perfeitamente ilustrar o futuro do trabalho. Por ser uma situação muito recente, é ainda prematuro e impossível medir os impactos totais da Covid-19 no mercado de trabalho. No entanto, é provável que as taxas de teletrabalho em Portugal e na Europa bem como as relações empregador/empregado sejam alteradas para sempre. Esta experiência social de isolamento/distanciamento social é a chave que vai abrir definitivamente a porta para o trabalho à distância. Muitas empresas vão passar a utilizar este novo regime de trabalho de forma diária, intensiva e exclusiva. Possibilitando demonstrar que é possível uma democratização e flexibilização do trabalho, que entre outras vantagens vai possibilitar uma redução de custos de exploração, ao mesmo tempo que aumenta a eficiência, produtividade e qualidade do desempenho de cada um. Vai originar novos formatos de marketing e comunicação, com uma nova aproximação ao cliente, seguidor, parceiro e fornecedor. Vai criar novos processos, técnicas e meios de recolha, tratamento e divulgação da informação, associados a este mundo novo onde estamos a entrar. Vai obrigar à implementação de produtos e serviços inovadores, porque vão aparecer novas necessidades associadas a uma procura também nova.

DINHEIRO VIVO (ONLINE) | 07.04.2020

LIDERAR E COMUNICAR NO PÓS-COVID

O isolamento imposto pela situação de pandemia global trouxe à evidência a necessidade de melhorar um aspeto fundamental da comunicação, particularmente entre quem tem a responsabilidade de liderar e gerir equipas. É consensual que alguma falta de objetividade é um traço das culturas latinas de uma forma geral. Nem sempre se gere muito bem o apuramento de responsabilidades, o cumprimento de normas e ainda o saber parar, dizer não, quando é efetivamente necessário fazê-lo.

Normalmente, a apetência para cultivar a interação e as relações pessoais facilitam-nos esta tarefa, mas facilitam também a convivência, por vezes, com alguma de objetividade, de compromisso e de eficiência de uma forma geral.

Esta nova situação pandémica veio alterar um pouco a equação... Deixámos de poder interagir e conviver como gostamos, cara a cara, e passámos a comunicar de forma mais sintética, enquadrados por sistemas de teleconferência concebidos para gerir bem o tempo, falar na nossa própria vez, de forma objetiva, sob o escrutínio geral. Ou seja, passámos a ter de comunicar de forma muito mais objetiva e orientada para a execução de tarefas concretas.

O teletrabalho obriga-nos a maior planificação, mais foco na objetividade e na gestão do tempo e da própria comunicação. Temos assim menos fatores psicológicos e menos comunicação não verbal. (Embora com custos/consequências do ponto de vista sociológico que ainda estão por aferir).

A imagem, os gestos, a postura e a empatia de uma forma geral perderam dimensão nesta nova forma de trabalhar. Isto tem sido válido também para a comunicação social, com muito menos utilização de estúdio, de imagem e de personalização da comunicação, em favor do conteúdo propriamente dito. A técnica está, portanto, a delegar os aspetos mais formais da comunicação para um plano secundário.

Quer queiramos quer não, os sistemas tecnológicos de comunicação são idealizados por engenheiros para cumprir determinadas funções e, só posteriormente, a utilização dos próprios sistemas vai forçando a introdução de funcionalidades mais humanizadas e menos técnicas, tal como acontece com a própria utilização dos códigos linguísticos.

Resta agora saber se, passada a pandemia, e regressados a uma situação de uma nova normalidade, rapidamente vamos esquecer que afinal, ainda que mais isolados, comunicámos e interagimos de forma mais rápida e objetiva. Se vamos continuar a planificar e a gerir o tempo das nossas intervenções, tal como temos vindo a fazer em teleconferência, ou se vamos voltar à subjetividade que carateriza o nosso modelo de gestão, de liderança e de comunicação.

Penso que o segredo estará em saber fazer o equilíbrio entre a objetividade e a personalização, ou seja, rever os métodos e saber ser flexível. Ou seja, adaptabilidade. Vivemos tempos novos e todos estamos a reaprender, todos os dias. (E vamos continuar) Mas, em última análise, somos pessoas e a autenticidade e as emoções são soft skills que nenhuma tecnologia consegue acrescentar (ainda).

Foco, estratégia e inteligência emocional nunca foram tão importantes com agora!

BRIEFING (ONLINE) | 04.05.2020

OS MODELOS DE
LIDERANÇA BASEADOS
EM HIERARQUIAS
RÍGIDAS E SILOS
ACABARAM.
A GESTÃO DE PESSOAS
TERÁ DE MUDAR.

INSIGHTS SOBRE COMUNICAÇÃO

OS NOVOS LÍDERES: Iguais, mas diferentes

Precisamos de recalibrar o conceito de liderança para os tempos que vivemos e que hão-de vir. Nada será como antes! Isto é uma evidência.
A pandemia veio "obrigar-nos" a repensar tudo e, no que respeita às organizações, a reequacionar o seu modelo de hierarquia. Assistimos hoje a novas lideranças de quem não está no topo da pirâmide, caso de: enfermeiros, médicos, paramédicos, jornalistas, polícias, trabalhadores de limpeza e recolha do lixo, bombeiros, farmacêuticos, agricultores, motoristas, funcionários de supermercados, entre muitos outros. Estes sim, têm sido verdadeiros líderes e com grande impacto na vida de todos nós. Ou seja, se estivermos todos unidos, motivados, a concorrer para o mesmo objetivo, somos mais fortes e os resultados aparecem.
O mesmo se aplica a uma organização. Os modelos de liderança baseados em hierarquias rígidas e silos acabaram há muito tempo. O mundo mudou, nada é previsível, e a Gestão de Pessoas terá de mudar também. Afinal, elas são o ativo mais valioso de qualquer organização. Sem o seu contributo não há conteúdo para elaborar relatórios & contas.
Ou seja, mais do que eficiência, precisamos de resiliência e adaptabilidade e isso implica confiança nas equipas, pois as pessoas bem motivadas e conduzidas vão acabar por se superar e surpreender!
Os líderes têm que se focar na pessoa, no processo de personalização, queimando modelos padronizados ou, claro, tentando fazer o melhor equilíbrio possível entre ambos. Porque transparência, autenticidade e vulnerabilidade não são fragilidades, são soft skills que os novos líderes devem dominar e potenciar em benefício dos projetos em curso e do sucesso das suas empresas.
O ser humano é dotado de várias competências e conhecimento. Só precisa de uma liderança visionária, inspiradora, mobilizadora, que defina as regras e aponte o caminho. Uma liderança que saiba distinguir e reconhecer quando necessário, mas que também saiba corrigir assertivamente.
Hoje, a liderança é quebrar barreiras e dar às pessoas a liberdade de criar oportunidades inéditas para elevar sua própria capacidade e, logo, a capacidade da organização.

INSIGHTS SOBRE COMUNICAÇÃO

Ou seja, os líderes precisam de ter um pensamento evolutivo. Sem estratégia, a mudança será meramente substituição.

Em suma, mais do que nunca a liderança deve ser inspiradora, mobilizadora, empática, observando e acompanhando equipas, principalmente aquelas cujas tarefas são muitas vezes esquecidas. Porque o resultado e a eficácia do gestor depende da qualidade do desempenho dos colaboradores. Por isso, o líder deverá ser muito relacional, não pode "tropeçar" no seu sucesso. Tem de saber resgatar da sua equipa o que de melhor ela tem com um sentido de propósito para a organização! Com esta atitude conseguirá que as pessoas estejam comprometidas com a organização, num modelo de valores, regras e consequências.

Se o momento agora exige que as empresas se reinventem, tal só será possível se estiverem criados sistemas que se concentram na inclusão e no poder da capacidade individual.

Como dizia Kant, talvez o mais relevante filósofo da era moderna, trata-se de mobilizar tudo aquilo que não tem preço: a dignidade em grande escala.

REVISTA LÍDER (ONLINE) | 06.05.2020

DADOS SÃO O PETRÓLEO DOS NOVOS TEMPOS

O ambiente que nos domina na atualidade é de profunda incerteza e condicionado por alguns princípios de natureza militar, que se sobrepõem à lógica económica que nos têm vindo a determinar há largas décadas. O já denominado ambiente VUCA (sigla militar dos anos 90) ou VICA em português: volatilidade, incerteza, complexidade e ambiguidade. Não sabemos ainda para onde vamos, mas não temos dúvida de que há quem esteja a tirar partido desta situação: as empresas que gerem dados e, por outro lado, as que fabricam factos falsos ou "fake news".

Sendo duas realidades distintas, o domínio das "fake news" que, recorde-se, não surgiu com esta crise pandémica, acaba por ofuscar o debate que deveria estar centrado na crescente produção de dados e na forma como queremos geri-la, nomeadamente em relação aos valores da liberdade e da privacidade dos cidadãos.

Neste cenário de risco assistimos a uma desinformação à escala global com milhões de notícias falsas. Há empresas que vivem disto, com lucros enormes, um negócio que já existe há muito tempo, usado para diferentes fins (campanhas eleitorais, por exemplo) e que tem florescido. Se já ao nível do marketing político não é ético, imagine-se num cenário em que está em causa a saúde pública, como é o caso atual de pandemia. Todos os dias ouvimos e lemos muitos disparates e o grave é o efeito que isso pode causar nos menos atentos.

A verdade é que este é um negócio de sucesso pois as notícias falsas tendem a correr muito rápido. Quem as gere consegue um elevado tráfego e dá vontade de dizer que palermas são aqueles que as consomem porque não põem em causa o que recebem e não procuram outras versões.

Mas, porque é que o ser humano partilha "fake news"? Quais as motivações? E porque acredita? Segundo um estudo recente da Universidade de Regina, no Canadá "muita gente não pensa sobre a veracidade de uma informação antes de a partilhar numa rede social. E, muitas vezes, divulga notícias que podem ser falsas só porque elas são coincidentes com a sua opinião". Também a Universidade de Stanford fala no tema no final da década de 1970: "pessoas com visões opostas encontram fundamento para as suas crenças no mesmo conjunto de evidências disponíveis". A BBC Future lembra que a forma como este tipo de mensagem é construída, toda a desinformação à volta do Corona Vírus, contém os truques necessários: imagens associadas a testemunhos, linguagem descritiva, histórias pessoais, repetição da mensagem.

Todo este cenário está a afetar a credibilidade do setor da informação. No entanto, creio que estamos atualmente num ponto de viragem para uma revalorização da comunicação social e do jornalismo de uma forma genérica, face ao paradigma das redes sociais que se tem imposto como fonte de informação para um conjunto muito significativo da população mundial. Para isso, estará também a contribuir a forma como alguns responsáveis políticos mundiais têm vindo a lidar com a realidade Covid-19.

Mas também nunca se procurou tanta informação, até fruto da vulnerabilidade física e emocional em que as pessoas se encontram atualmente, estando mais disponíveis para consumir conteúdos. E, mesmo que não queiram, são bombardeadas pelas redes sociais. Mais uma vez: se por um lado a transformação digital trouxe vantagens inquestionáveis como o permitir-nos estar conectados à distância e a trabalhar, por outro, massificou os conteúdos e as fontes. Qualquer um de nós pode ser hoje fonte de informação e criador de conteúdos.

Lembremos o escândalo da Cambridge Analytica com as eleições dos EUA ou as suspeitas que surgiram em torno do Facebook. Este cenário é assustador: os nossos dados são usados para fins questionáveis e não existem sanções. Questões éticas, morais, democráticas estão aqui em causa.

É caso para dizer: é o algoritmo, estúpido! Mas há o outro lado da história: se bem usado, o algorítmo pode ajudar a desenvolver novos modelos de negócio, em vários domínios: gestão jurídica, saúde, recursos humanos, investimentos.

Em suma, dados, segurança cibernética e democracia. Um triângulo que deve ser olhado com cuidado e preocupação e que carece de regulação. Mas, o que é certo é que o "mundo" de exploração de dados vale mais do petróleo nos dias que correm!

EXPRESSO | 11.05.2020

FACT CHECK

CONCEIÇÃO ZAGALO

Para alguém que tem pela comunicação um invariável fascínio, receber um convite para deixar testemunho numa publicação como esta é música para os ouvidos. É que, ter a oportunidade de tecer opinião sobre factos que justificaram a produção de um tratado na arte de comunicar com base em experiência acumulada ao longo de mais de duas décadas de vida profissional, constitui um desafio tão repleto de responsabilidade quanto de satisfação. Mas, vamos aos factos. Cruzei-me com a autora de Insights de Comunicação há qualquer coisa como duas décadas. A Carla Guedes do lado dos meios, eu do lado das empresas. E confirmei nela aquilo que, também na articulação com os mais diversos stakeholders, com a vida fui aprendendo, ou seja, é no ponto de convergência do respeito entre as partes que pode residir o sucesso dos processos e das pessoas e organizações que os unem.

De resto, tenho para mim que esta terá sido a essência da criação da marca Reputation para levar por diante um projeto de empreendedorismo que a Carla Guedes achou por bem desenvolver a título pessoal, mas sempre numa envolvente de relacionamento com pessoas que assumem o exercício da comunicação de forma genuína e muito consequente.

Confesso que ao passar em revista esta obra, nem tudo é para mim novidade. Ao longo dos tempos fui lendo algumas das crónicas aqui coligidas. Em revistas da especialidade, em meios generalistas, em meios digitais, ou até em trocas de impressões mais informais, fui assistindo a boas reflexões que, complementando a faceta do jornalismo dos meus contactos iniciais com a autora, me facultaram uma versão de A a Z sobre o tema, bem refletida nos escritos sobre comunicação interna e externa, sobre a forma como encarar esta temática em tempos de crise, sobre redes sociais ou gestão de dados enquanto fator de credibilização, sobre comunicação factual ou manipulação de informação com fins menos dignificantes, sobre temas cuja relevância e impacto dependem da moda, dos tempos, de circunstâncias mais ou menos imprevisíveis e, sim, seguramente sobre factos que de uma forma ou outra acabam por determinar tendências.

É, de resto, nesta análise de factos e de textos aqui compilados que fundamento a convicção de que, e cada vez mais, é na gestão certa dos fluxos de informação que residem os projetos de comunicação mais eficazes, os que

CONCEIÇÃO ZAGALO

incorrem de gestão estratégica, os que são pensados e encarados como sério investimento, os que estão indexados ao negócio, os que significam prestígio, impacto, reputação positiva de gestores, de colaboradores, de estruturas organizacionais nos mais diversos setores de mercado e de intervenção. Rigor, confiabilidade, notoriedade, humanização, persistência, liderança, visão, critério, propósito, resiliência, reputação, são algumas das grandes máximas que nos inspiram ao longo de mais de uma centena e meia de páginas de uma obra que bem prova que comunicar, e bem, é um imperativo de vida para quem faz questão de assentar no sucesso o seu expoente máximo de credibilidade, de felicidade, de bem-estar. E se a tudo isto adicionarmos boas pitadas de racionalidade, de tolerância e de otimismo, então encontraremos, que não se duvide, a melhor receita para encarar Insights de Comunicação na perspetiva de um guia que encerra todo um conjunto de factos como indicadores para a engrenagem capaz de fazer girar um círculo que se pretende invariavelmente virtuoso.

Conceição Zagalo
Empreendedora Social

POSFÁCIO

NUNO GOULART BRANDÃO

A IMPORTÂNCIA DA COMUNICAÇÃO NAS ORGANIZAÇÕES

Estamos num mundo onde abunda a informação gerada, mas onde urge que se estabeleçam, cada vez mais, processos de geração bidirecional de comunicação. Ora, o eBook da Carla Guedes estabelece essa ligação nos múltiplos campos do saber relacional onde a comunicação marca a diferença neste mundo inundado de informação. Mas que, nos leva a uma necessidade de desenvolvermos uma atitude reflexiva sobre essa geração de informação e sua necessidade de ser devidamente descodificada, filtrada e selecionada em verdadeiros processos de comunicação para as suas diferentes partes interessadas de cada organização.

Os tempos pandémicos que estamos a viver têm gerado nas organizações muitos ensinamentos que devemos reter e aplicar num futuro próximo pós Covid19. Nada será como dantes. Não direi que será pior ou melhor, mas, seguramente será diferente. Até no modo como olhamos para a importância da comunicação nas organizações, seja nos atuais domínios de teletrabalho e aplicações digitais que todos temos sido obrigados, em parte ou na totalidade a viver. Mas também, e sobretudo, na redobrada importância do reativar e desenvolver as atuais e novas relações interpessoais nas nossas organizações e que sempre valorizámos, mas que, é minha convicção, ainda as iremos valorizar mais num futuro próximo.

Isto releva-nos para a decisiva importância, interna e externa, dos processos de comunicação bidirecional gerados entre e com todos os nossos *stakeholders*, bem como para que essa comunicação se desenvolva numa visão de boas práticas e assente numa redobrada importância também de geração de valores partilhados, éticos e morais. E que sejam inspiradores de confiança, credibilidade, coerência e sustentabilidade na ação desenvolvida neste século de tempos de incertezas.

A comunicação em tempos de incerteza e de crise permite-nos, deste modo, ter a capacidade de podermos antecipar, contornar, esclarecer e minimizar impactos negativos. E, por isso, quando bem utilizada torna-se a chave do controlo e de influência sobre o comportamento das pessoas; na redução das

NUNO GOULART BRANDÃO

incertezas e ambiguidades; na prevenção de conflitos; na correção de atribuições deficientes; e na devida análise crítica e reflexiva para se poder, devidamente, estabelecer a verdade e a sua legitimidade.

Desenvolver boas práticas de foro comunicacional é assim uma efetiva arte de se saber dirigir e garantir a compreensão e o respeito das pessoas e seus diferentes contextos organizacionais. Para se, efetivar maiores níveis de inovação e espírito de mudança, tão importantes para a geração de atitudes mais dinâmicas, agregadoras de participação, envolvimento, identificação e maiores níveis de comprometimento nas nossas organizações.

E que, são determinantes para o desenvolvimento de uma inteligente e inclusiva cidadania corporativa, em tempos que vivemos de grande incerteza e que, cada vez mais, nos vai exigir a todos, maiores solidariedades dentro e fora das nossas organizações.

Nuno Goulart Brandão
Professor Universitário

www.ingramcontent.com/pod-product-compliance
Lightning Source LLC
Chambersburg PA
CBHW060834220526
45466CB00003B/1103